コロナ大不況生き残りマニュアル

The best Manual
– Survive Great Depression
in Covid-19 Pandemic

浅井隆

第二海援隊

プロローグ　まさかの連続

本物の情報を入手して、生き残るための体制を整えよう

「人生には『まさか』という坂がある」と言われているが、今回のこの「コロナ恐慌」は、まさに、「一〇〇年に一度のまさかという出来事」である。世界中で、すでに全財産を失ったり生活の手段を失って途方に暮れる人々が、無数に出現している。それに比べれば私たちはまだマシな方だが、油断は禁物だ。

もし、あなたが畳の上で死にたい、あるいは安泰な老後を送りたいのならば、本書は必読書だ。「まさかの時代」には本当に何でも起こり得る。それを頭に叩き込んだ上で、じっくり読み進めていただきたい。

サバイバルを考える上で、まずどうしても最初に登場してくるのが「情報収集」である。ここに、面白い事実がある。あの世界一の情報機関ＣＩＡのほとんどの仕事は、一般に誰でも入手可能な「公刊情報」の収集・分析だというのだ。つまりＣＩＡの情報は新聞、雑誌、ＴＶ、ネット上の情報という一般の情

報が九五％で、そこに五％の極秘情報がスパイスとして加味されるというのだ。たとえば、日本経済新聞一紙だけでも、嗅覚の優れた人材が毎日真剣に読めば大抵のことは予知できると言っても過言ではない。

ただ、それを成し遂げるためには、繊細かつ大胆な分析力が必要だ。ぜひ、あなたもそうした力を持てるよう努力しよう。

さてそこで、現在のような厳しい時代を生き残るための最大の鉄則をご紹介しよう。まず一番目の鉄則は「こうした恐慌的経済大災害下ではひたすら、ただただ生き残れればよい」という発想を持て、ということだ。財産の一部が被害を受けることもあるだろう。一〇〇ある財産を一〇〇で保つことすら難しいかもしれない。一〇〇が八〇くらいに減っても、このくらい仕方がないというくらいの度量が必要だ。そうした気分がないと、生き残ることは難しいだろう。

そして二番目の鉄則は、恐慌下では「ひたすら現金が重要」ということだ。一に現金、二に現金、三、四がなくて五に現金というわけだ。こうした鉄則を頭に叩き込んだ上で本書を読んでいただければ、皆さんに必ず幸運が訪れることだろう。ぜひ、本書は一度ではなく何回も読んでいただきたい。そして、何冊か手に入れて友人にも配っていただきたい。幸運を、多くの人とわかち合っていただきたい。

なにしろ、先の見えない「コロナ恐慌」が世界経済を沈没させようとしているのだ。日本も、緊急事態宣言が出された二〇二〇年四月は異様な雰囲気に包まれた。東京都内のほとんどの店は閉まり、新幹線の車内はまったく乗客がいない状況だった。まさに、ＳＦ映画の世界と言ってよい。二〇一九年年末までの株価上昇が、ウソのようだ。

キッカケは新型コロナウイルスだったが、つまるところ世界経済はいつバブルが崩壊しても不思議ではない「異常な状況」だったのだ。したがって、今回の「コロナ大不況」はコロナ感染が収束したからといってすぐに終わるような、単純で生やさしいものではない。すでに全世界的借金バブルは大逆回転を始め、世界経済全体に大きな損傷を与えつつある。もう、元には戻れないのだ。

それだけではない。新型コロナウイルス感染が年内に一度収束方向に向かったとしても、巨大な第二波が来年襲ってくることだろう。そのことは、一〇〇年前のスペイン風邪のパンデミックで証明されている。

今後、私たちは数年がかりの大不況に襲われるだろう。それも、前代未聞の得体の知れない新型不況に、だ。そして、その回復後数年経って今度は「国家破産」という、もっとひどい巨大津波がやってくるのだ。つまり、右からすさまじいパンチをくらって意識が朦朧《もうろう》としているところに、左からとんでもない飛び膝蹴りをくらうようなものだ。何も手を打たなければ、この二回の痛打によって、あなたの会社も財産もボロボロになってしまうことだろう。

本書は、そうした事態からあなたの財産を守るためのマニュアル書である。何回も熟読されて、生き残りのためのバイブルとしていただきたい。

二〇二〇年六月吉日

浅井　隆

コロナ大不況生き残りマニュアル――目次

第三章　このままでは国も破産する
——二〇二五年以降、ハイパーインフレ、銀行封鎖、財産税

第四章　サバイバルの基本

第五章　サバイバルの応用と極意

※注　本書では一米ドル＝一〇八円で計算しました。

第一章

すべてをなぎ倒す
コロナ大不況のすさまじさ
——この地獄はいつまで続くのか

過去一五〇年で四度目となる「大収縮」

「過去一五〇年で一九一四年、三〇～三二年、四五～四六年に続く深刻なリセッション（景気後退）を意味する」（ブルームバーグ二〇二〇年六月九日付）――二〇二〇年六月八日、世界銀行は最新の世界経済見通しを公表し、今回の新型コロナウイルス感染拡大による経済の落ち込みが「第一次世界大戦」「大恐慌」「第二次世界大戦」のそれに匹敵すると見通した。少なくとも、統計を始めた一九六〇年以降で最悪になると予想している。

思い起こすと、二〇〇八年のリーマン・ショックは「一〇〇年に一度の危機」と称された。しかし、今回のコロナショックによる落ち込みの方が激しくなるであろうということが、世界銀行（以下、世銀）に代表される各調査機関から確実視されている。世銀によると、世界全体のＧＤＰ（国内総生産）成長率は、二〇〇九年のマイナス一・八％に対し、二〇二〇年はマイナス五・二％にまで

世界経済全体のGDP成長率

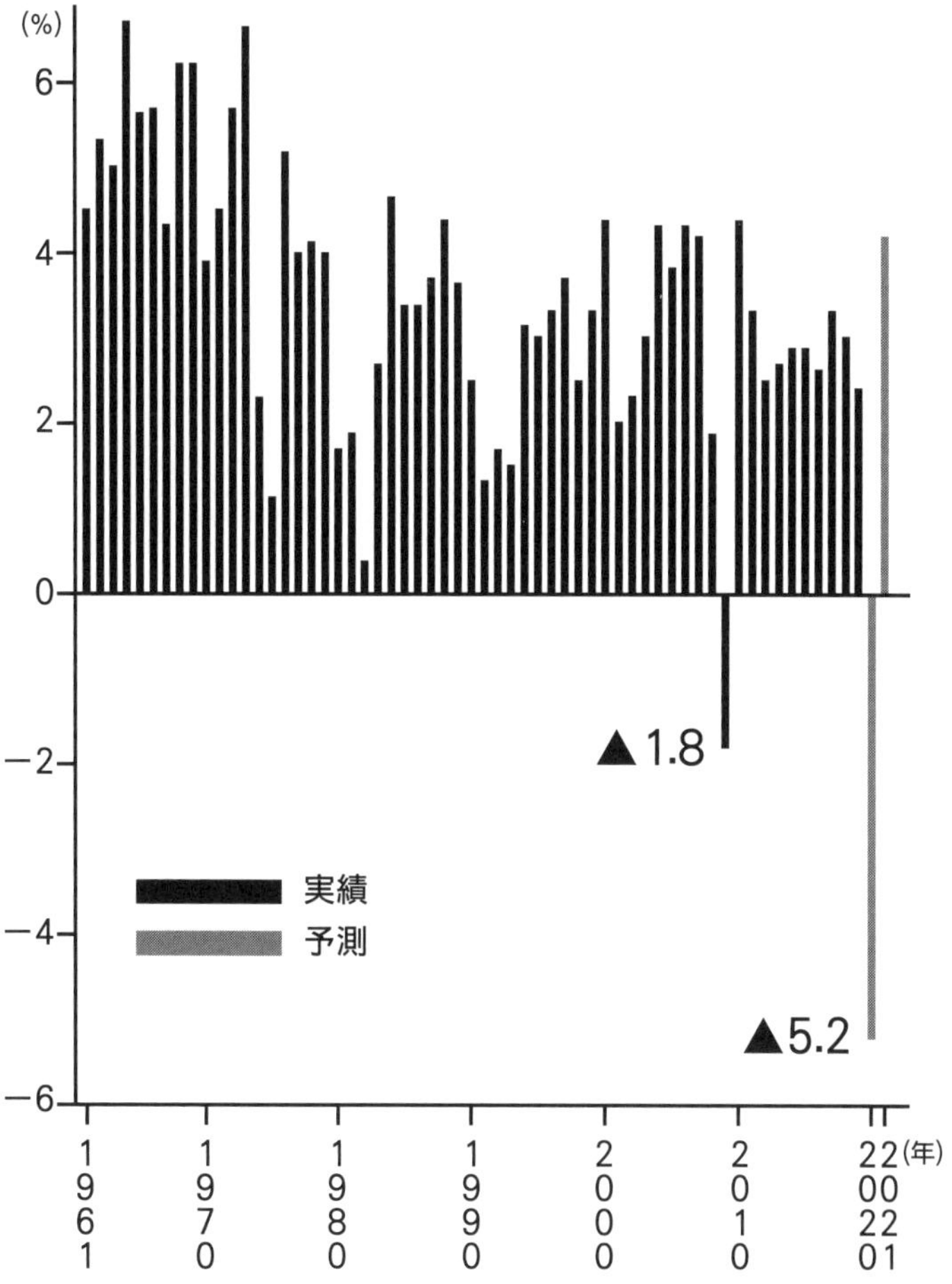

世界銀行のデータを基に作成

落ち込む見通しだ。

世銀は、異なる二つのシナリオも提示している。一つは「楽観シナリオ」で、その場合は四％のマイナス成長ですむが、それでも落ち込みの度合いはリーマン・ショック時の二倍以上だ。逆に、新型コロナウイルスの収束に時間がかかるという「悲観シナリオ」が実現した場合はマイナス八％、すなわちリーマン・ショック時の四倍以上にまで落ち込むと予想している。世銀の発しているメッセージは明確だ――「どう転んでも、タダではすまない」。

現状の楽観は、純然たる敵

想像を絶する、少なくとも私たちの世代が経験したことのない規模のリセッション（景気後退）の到来が世界的な調査機関から発せられているにも関わらず、そのことをまったく実感していないという人は多い。飲食や観光業に従事している人や職を失った人を除けば、私の周りも基本的にノホホンとしている。

なぜか。そこには複数の理由があると考えられる。一つは、二〇二〇年六月現在では日本では予想していたほど新型コロナウイルスの感染拡大が悪化しなかったこと。少なくとも、欧米に代表される他地域で見せたパンデミック（爆発的感染）は免れた。致死率も、他地域に比べて圧倒的に低い。

もう一つは、今回の経済危機があまりに速く、それも劇的に進行したため、人々が事態の深刻さをいまいち認識できていないという可能性である。

先のリーマン・ショックを事前に予期したことで知られる米ニューヨーク大学のヌリエル・ルービニ教授は、英ＢＢＣ放送（二〇二〇年五月二二日付）のインタビューで「世界的な金融危機（リーマン・ショック）の間に、生産量が急減するまで約三年かかった。しかし、今回は三年はもちろん、三ヵ月もかからなかった。三週間ですべてが自由落下した」と、いかに今回の危機がすさまじい速さで進行したかを語った。

国際通貨基金（ＩＭＦ）は、一九三〇年代の「グレート・デプレッション」（大恐慌）、二〇〇八年の「グレート・リセッション」（大不況）に続き、今回の危機を「グレート・ロックダウン」（大封鎖）と命名したが、中国・湖北省武漢市で発生した新型コロナウイルスはまさに電光石火のごとく世界へ広がり、それと同時に都市封鎖（ロックダウン）が実施されている。

国連世界観光機関（UNWTO）は、世界保健機関（WHO）が新型コロナウイルスの流行を「国際的に懸念される公衆衛生上の緊急事態」と宣言した二〇二〇年一月末以降、各国で講じられた対策を追跡してきたが、その宣言から三ヵ月の間に、世界二一七の国と地域の一〇〇%が外国からの渡航に何らかの制限を課し、七二%が外国人観光客の入国を完全に禁止していた。講じられたのは水際対策だけではない。入境を禁じた国のほとんどで、国内における何らかの行動制限も課された。これは、全世界がわずかな期間のうちに鎖国に転じたようなものである。こうして、多くの需要や雇用が即座に蒸発した。

前出のルービニ教授が指摘したように、これほど急速かつ激しい落ち込みは経済史上でも類を見ないものであり、その最大の原因はグローバル化（相互依存）が進んだ世界で国境や都市が封鎖されたことにある。

各国の新型コロナウイルス感染者数の推移

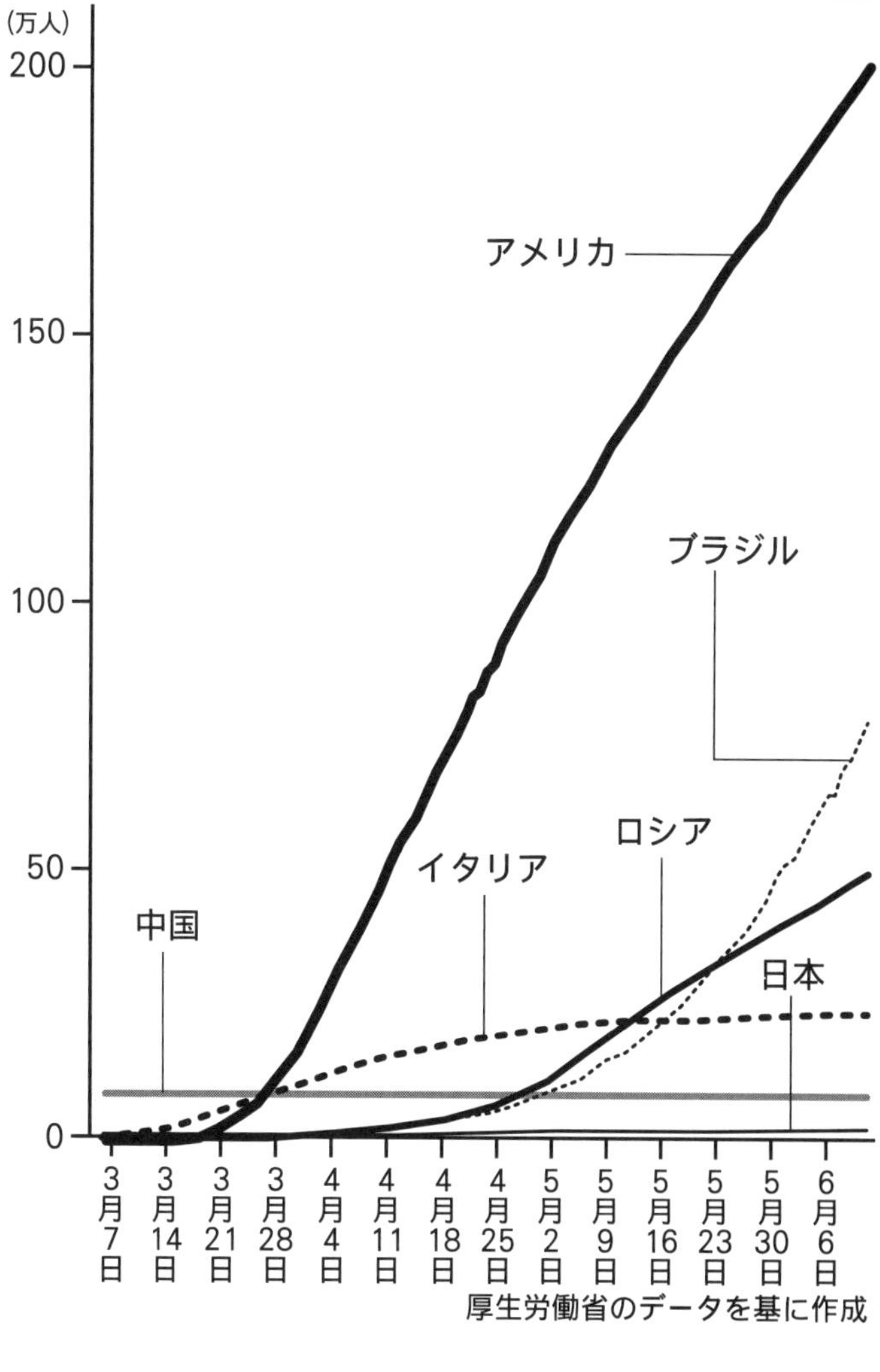

厚生労働省のデータを基に作成

しかし、どれほどのことが起きたのかということを私たちは理解できていない。テレビやインターネットなどのニュース・メディアは、基本的に国内のことを中心に報道している。しかも、ロックダウンで真っ先に打撃を受けた飲食や観光業をクローズアップしがちだ。これでは、世界規模のパンデミックを実感することはできない。もちろん、これは仕方のないことだ。

たとえば、日本の感染拡大が収束しかけたあたりから今度は南米で感染拡大が深刻化し始めたが、正直なところ日本人の関心は乏しいだろう。世界全体の感染拡大は止まっていないが、日本のメディアからは「ロックダウン解除」とか「移動制限の緩和」などといったフレーズが聞こえるようになり、私たちは「危機は収束した」と認識してしまっている可能性が高い。

誤解のないように言うと、確かに日本では欧米のようなパンデミックには至らなかった。しかし、日本企業（特に大手企業）の海外売上高比率は年を追うごとに増しており、景気の良し悪しの大きな部分を外需に依存している。ご存じのように、近年では観光業（インバウンド）も外国人旅行者に依存する割合が高まった。これは諸外国もそうで、良くも悪くもグローバル化（相互依存）が深化してしまっており、どうしても海外情勢に大きく左右される。そして、その海外情勢は決して予断を許す状況にない。

こうした楽観は、アメリカでも台頭しているようだ。二〇二〇年六月一六日付のニューヨーク・タイムズはこうした風潮を次のように戒めている――「経済に関する一般の議論を見れば、すでに混乱が広がり始めていることがわかる。経済が激しく崩壊しているにもかかわらず、わずかな回復をもって『危機が回避された兆し』と考える人が増えているのである。株式市場には、この種の楽観が間違いなく存在する。株価は今年に入ってから、一%ちょっとしか下落していない」。

記事も指摘しているが、おそらく私たちが今回の危機の深刻さをいまいち理解できないでいる大きな理由は、世界的に株価がV字回復したことにある。たとえば、アメリカを代表する株価指数S&P500は、二〇二〇年二月一九日に付けた史上最高値三三八六・一五ポイント（終値）から、三月二三日にはコロナショックの底値である二二三七・四〇ポイントまで三四％の下落。そこからV字回復を果たし、六月八日には三二三二・三九ポイントと再び最高値をうかがう展開となっている。

過去の弱気相場に照らし合わせると、この見事なV字回復は異例中の異例だ。仏ソシエテ・ジェネラルが過去一五〇年の弱気相場を調査したところ、S＆P５００が三〇％下落した後の三ヵ月間の上昇率は、平均でたったの一一％しかない。しかし今回は、底値からわずか二ヵ月程度で四〇％もの上昇を記録した。過去の弱気相場で底値から四〇％戻すのに費やした期間は、平均で二年。今回は、それがたったの二ヵ月で実現してしまったのだ。

株価は景気の先行指標だと言われるが、その株価がV字回復を果たしたため、「大恐慌の再来などというフレーズはさすがに大げさでは？」と感じている人は少なくない。常識的に考えて、現状の株価と世銀による暗い見通しのコントラスト（対比）は奇異だ。金融は、実体経済より早く動き、実体経済を予想する。しかし、どこかの時点で予想の妥当性が試されることになるが、おそらく現状の株価はバブルだ。S&P500の予想PER（株価収益率＝株価が割安か割高かを測る一つの尺度）は二〇二〇年六月末時点で約二二～三〇倍と、およそ二〇年ぶり（ドットコム・バブル以来）の高水準にまできている。

ただし、主要先進国の当局が打ち出した支援策はGDP比一一％という前例のない規模に達しており、今後もバブル的な高値が長期にわたって放置されるシナリオは否定できない。著名投資家のジョージ・ソロス氏はかつて、「ありとあらゆる矛盾は極限まで行く」と言ったが、株価がこの先にドットコム・バブルを上回るほどの過熱を見せる可能性も十分にある。しかしながら、永遠に弾けないバブルなどというものは存在しない。

IMFでチーフ・エコノミストを務めるギータ・ゴピナート氏は二〇二〇年六月一六日、コロナショックからの回復過程における「不確実性が著しく高い」とし、具体的には「先進国と途上国の双方で製造業よりサービス業が大きな打撃を受け、物価上昇率が全般的に低下している」（ロイター二〇二〇年六月一七日付）ことが過去に発生した危機と異なる点であると指摘。続けて、こう警鐘を鳴らした――「金融市場が実体経済から乖離していることで、ボラティリティーが増大し、急激な調整が入る可能性が高まっている」（同前）。

現状において、楽観は純然たる敵だ。各国の失業率や企業の倒産件数などを見てみても、世銀の言う通り、私たちはかつて経験したことのない景気の落ち込みの真っ只中にいる。残念ながら、戦後最大級の不況が到来するという予測は杞憂に終わりそうにない。前出のルービニ氏の見立てでは、アメリカを中心に世界は「失われた一〇年」を経験することになる。

多くの人がジェットコースターのような株価の動きにばかり目を奪われているが、率直に言って実体経済もV字回復するという楽観的なシナリオが実現する可能性は、ほぼゼロだ。ほとんど期待できないと言ってよい。むしろ、資産市場も実体経済も地獄のような二番底に突き進んで行くと考えるのが妥当だ。

だからこそ、現状の楽観を戒める必要がある。一九三〇年代の大恐慌について幅広く執筆してきた米カリフォルニア大学デービス校の歴史学者エリック・ローシュウェイ氏は、ニューヨーク・タイムズで次のように指摘していた――

S&P500種の予想PER（株価収益率）

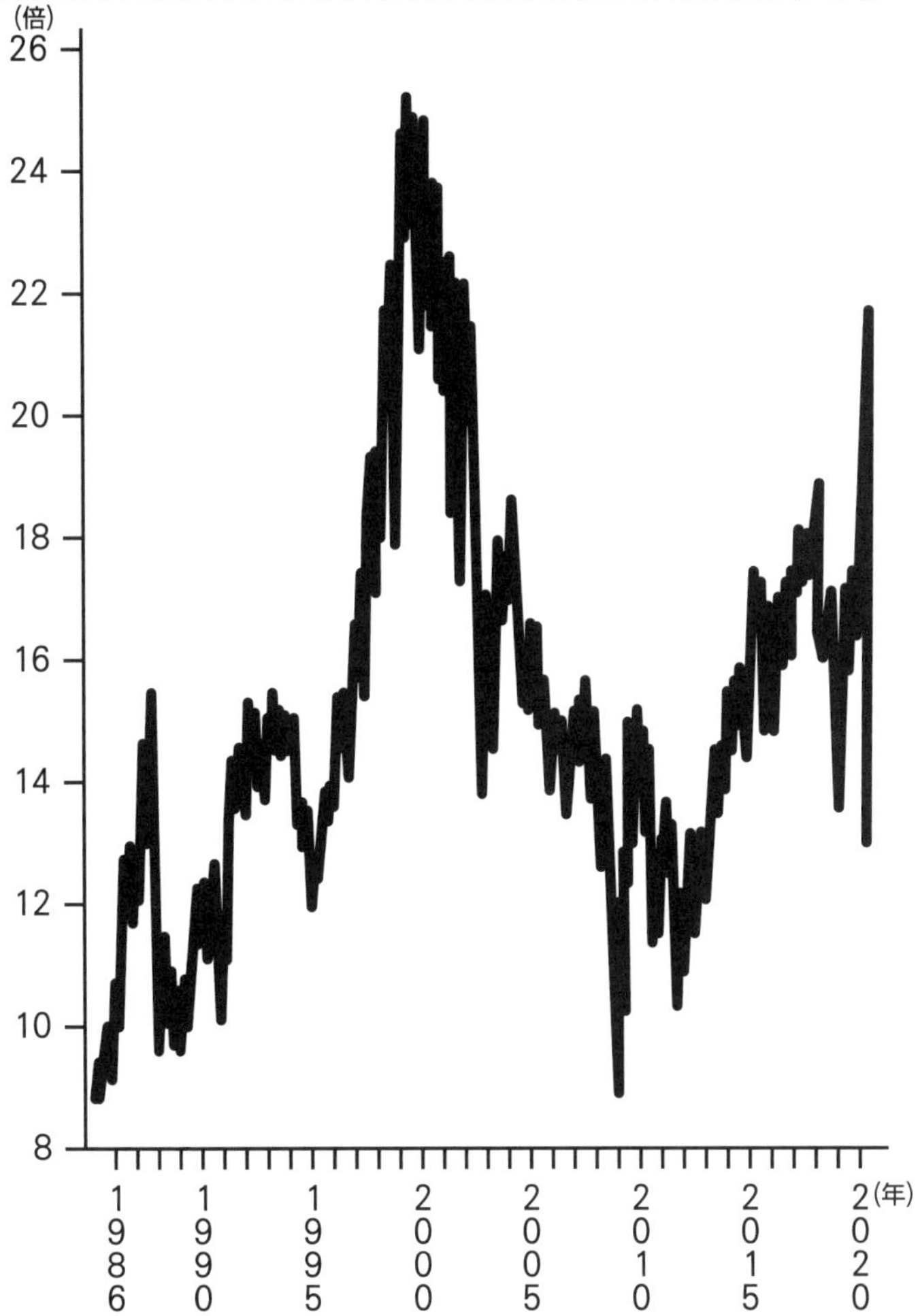

Refinitivのデータを基に作成

「（現実を）否定する動きが多数見られる。一九三〇年代もそうだった。大恐慌の初期段階では、誰もこれを危機と認めようとはしなかった。問題の大きさを考えると政府の対応は不十分だったが、それでも『底を脱した』と宣言するのはとても早かった」（ニューヨーク・タイムズ二〇二〇年六月一六日付）。

大恐慌は一九二九年一〇月のブラック・サーズデー（ニューヨーク株価大暴落）で幕を開けたが、世界のＧＤＰが底を打ったのは三年後の一九三二年のことである。そして、ＧＤＰが恐慌前の水準に戻るまでに六年程度かかった。新型コロナウイルスが消滅でもしてくれない限り、今回も不況の長期化を覚悟する必要がある。

世界経済は「暗黒の（二〇）二〇年代」へ

景気の先行きを占う上で、この世の中には重要とされる様々な指標がある。たとえばアメリカでは、商務省が発表するＧＤＰ（国内総生産）、小売売上高、住宅着工件数。アトランタ連銀が発表するＧＤＰナウ（成長率予測）。全米供給管理協会が発表するＩＳＭ指数（製造業、非製造業ごとに企業の景況感を示す。五〇が景気の分岐点）。ＦＲＢ（米連邦準備制度理事会）が発表する鉱工業生産指数、設備稼働率、ＦＲＢ資産規模。そして労働省が発表する雇用統計、失業保険申請件数などが先行指標として重要視されている。

これら様々な指標を、複合的に分析して景気や株価の先行きを占うのがエコノミストやアナリストの仕事だが、とはいえ一般の人からすると難しくてとっつきにくいものがほとんどだ。その点、失業率という指標はいくらか馴染みがあるだろう。失業率とは、労働力人口に占める完全失業者（職がなく求職活動している人）の割合を示すという単純な指標だ。しかし、雇用情勢ひいては景気全体を占うのにとても重要であり、古今東西を見渡しても雇用情勢の良し悪し＝景気の良し悪しという式が成立している。「失業率が高い」にも関わらず景気が良好という矛盾は、基本的に生じない。

それゆえ、失業率の高低は政治家の支持率にも大きな影響を与える。それはアメリカにおける大統領選挙でも例外ではない。実は過去一〇〇年の間に再選を果たせなかったアメリカの大統領は三人しかいないのだが、その三人の落選には失業率が深く関係している。

その三人とは、ハーバート・フーバー、ジミー・カーター、ジョージ・ブッシュ（父ブッシュ）だが、彼らは（就任から四年後に実施される）二期目を賭けた大統領選挙の際に、失業率に関して共通の環境に置かれた。それは、中間選挙（大統領の就任から二年後に実施される上下両院議員の選挙）の時より失業率が悪化していたという点である。すなわち、就任から二年後の中間選挙の時に比べてそのさらに二年後の大統領選挙の時の方が景気が悪化していたということが、再選に極めて不利に働いたというわけだ。

〝狂騒の二〇年代〟と謳われたバブル真っ只中の一九二八年の選挙に、「どの鍋にも鶏一羽を、どのガレージにも車二台を！」というスローガンを引っ提げて圧勝したフーバーの場合、就任直後に起こった大恐慌の影響をもろに受け、失業率は中間選挙があった一九三〇年末の三・二％から大統領選挙（一九三二年末）には一六・九％まで急騰している。こうして、二期目を賭けた大統領選挙では民主党のフランクリン・ルーズベルトに四〇以上の州で負けるという、アメリカの大統領選挙史上でも記録的な大敗を喫した。

ジミー・カーターの場合は、中間選挙の際の失業率は五・九％だったが、二年後には七・五％に上がっている。フーバーのケースと比べると大した上昇ではないと思うかもしれないが、大統領選挙のあった一九八〇年はインフレ率が高止まりしており、ミザリー・インデックス（悲惨指数。失業率とインフレ率の絶対値を足した経済的な苦痛を示す指数）が二〇％程度にまで上昇していた。これに外交の失策が重なり、カーターはロナルド・レーガンに大敗を喫する。

湾岸戦争で国内の求心力が高まった際は、一時九〇％近い支持率を獲得した父ブッシュも景気の悪化には抗えなかった。父ブッシュの場合の失業率は、中間選挙の時の六・二％から二年後には七・三％に悪化している。

父ブッシュは冷戦や湾岸戦争の勝利といった外交上の成功を謳い選挙戦に挑んだが、敵陣営のビル・クリントン氏は景気の悪化に着目。選挙戦では「大事

（1927年12月末〜2020年3月）

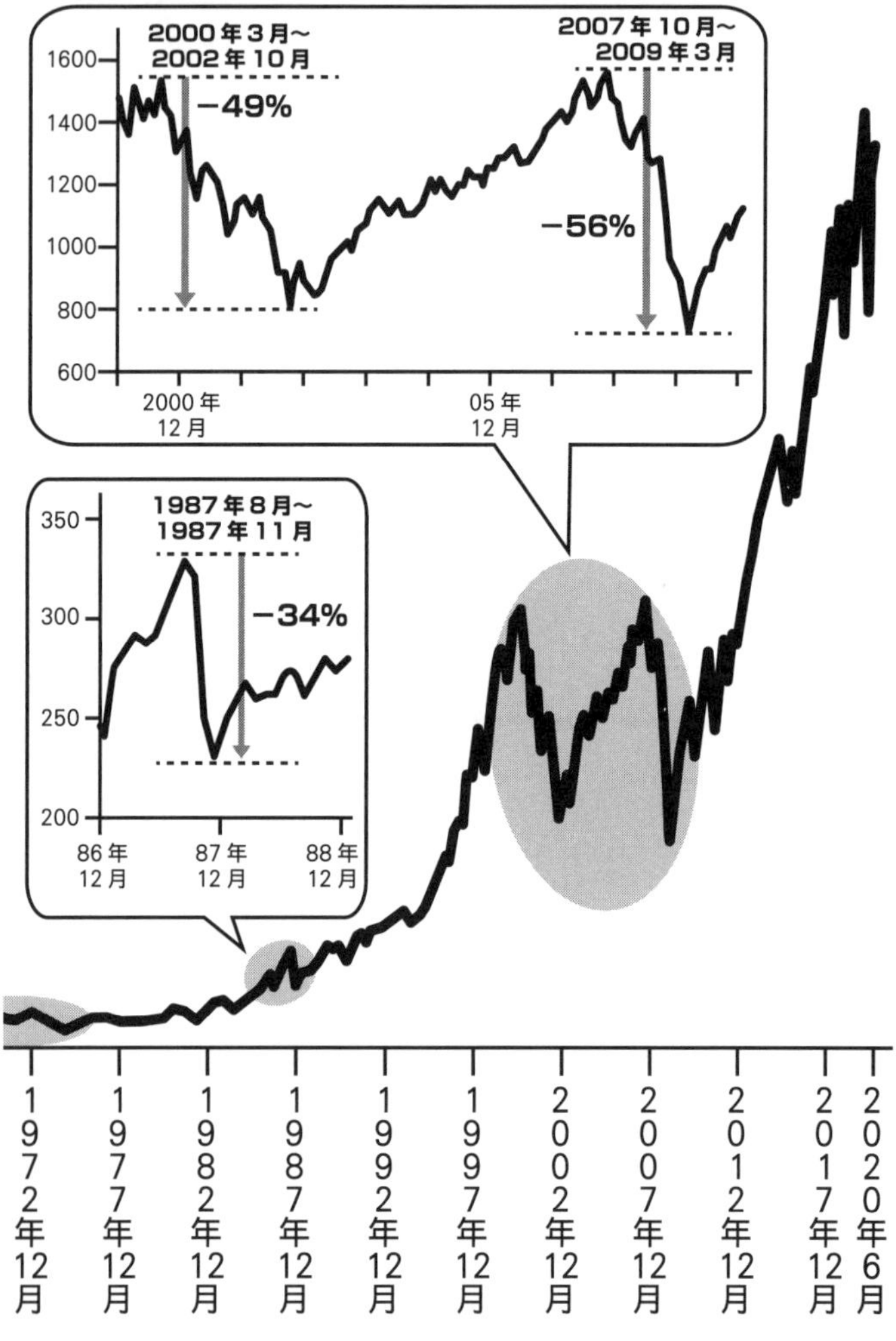
2000年3月〜
2002年10月
−49%
2007年10月〜
2009年3月
−56%
1600
1400
1200
1000
800
600
2000年
12月
05年
12月
1987年8月〜
1987年11月
−34%
350
300
250
200
86年
12月
87年
12月
88年
12月
1972年12月
1977年12月
1982年12月
1987年12月
1992年12月
1997年12月
2002年12月
2007年12月
2012年12月
2017年12月
2020年6月

米国株（S&P500）超長期チャート

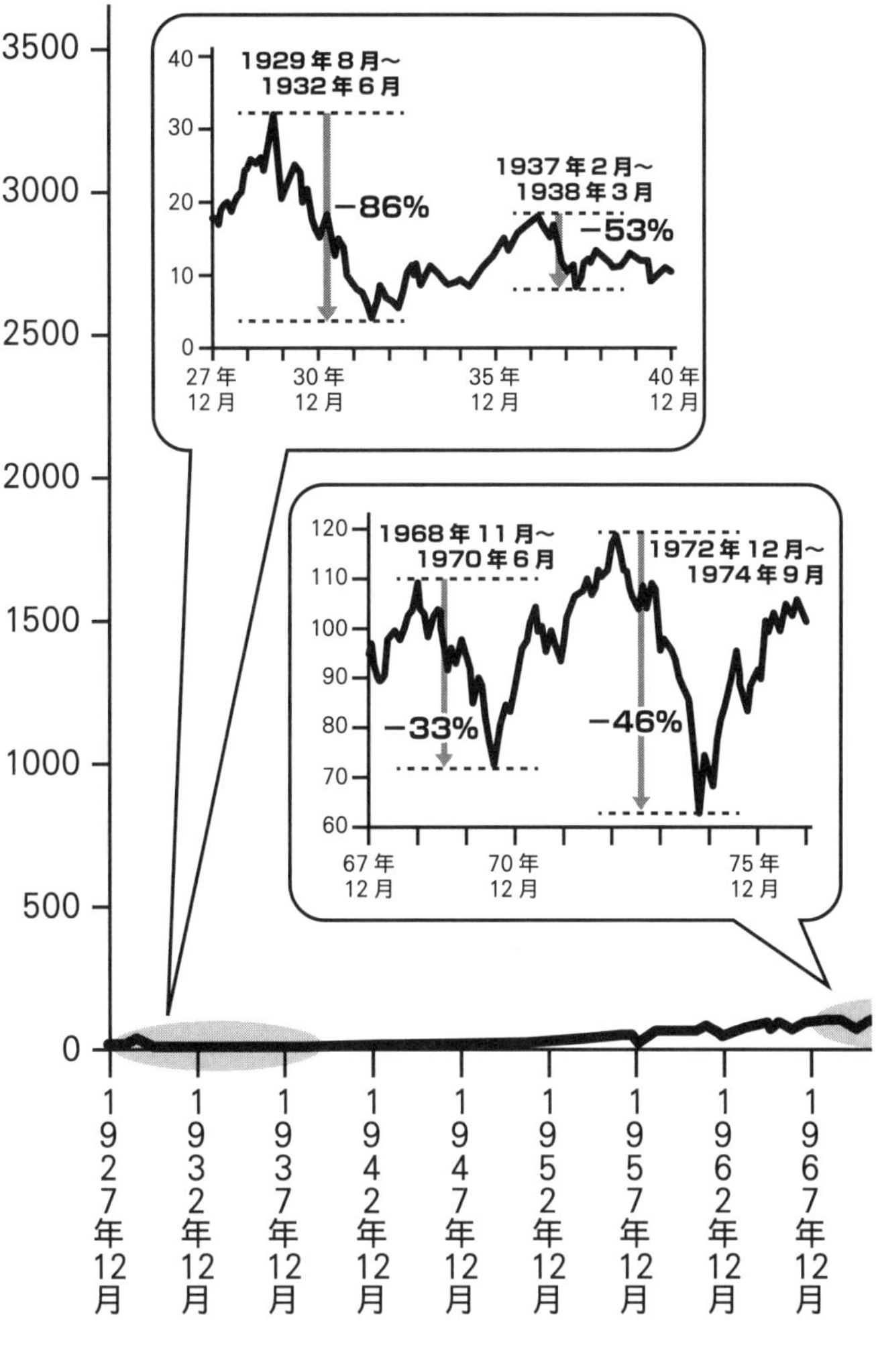

なのは経済なんだよ、バカモノ」というスローガンを多用し、ブッシュの支持率を低下させることに成功した。

大恐慌によりフーバーの再選の道が閉ざされたという事例から、アメリカでは「二期目を賭けた大統領選挙の年に株が暴落することはない」というジンクスが生まれている。これは、フーバーの惨状から教訓をくみ取った後の政治家が一期目では何より景気対策を優先するようになったことから生まれたアノマリー（理論的根拠があるわけではないが、よく当たる相場での経験則）で、今では広く知られるようになった。

三三ページの図は過去に起こった米国株の大暴落とその下落率である。このうちの六回は、大統領二期目（後半四年）に起きている。例外は大恐慌だけだ。そして、今回のコロナショックが〝二例目〟として追加されることになる。

失業率の話に戻るが、現在のドナルド・トランプ大統領が就任してから二年後の中間選挙（二〇一八年）の時は三・二％と、アメリカの歴史上でも最低水準に位置していた。二〇二〇年二月四日にトランプ大統領は一般教書演説でア

米国株の大暴落した時期と下落率

大暴落した時期	下落率
1929年8月〜1932年6月	−86%
1937年2月〜1938年3月	−53%
1968年11月〜1970年6月	−33%
1972年12月〜1974年9月	−46%
1987年8月〜1987年11月	−34%
2000年3月〜2002年10月	−49%
2007年10月〜2009年3月	−56%

メリカの「完全復活」を宣言し、「私が大統領になってから七〇〇万人の雇用を創出した。失業率は半世紀ぶりの低水準となった。我が政権下での平均失業率はアメリカの歴史上のどの政権時よりも低い」と雇用面の絶好調ぶりをアピールしたのである。この数ヵ月後に大恐慌以来で最悪の失業率を記録するとは、夢にも思わなかったはずだ。

コロナ禍によって、アメリカでは二〇二〇年六月初旬までの三ヵ月間で少なくとも四四〇〇万人が失業保険を申請している。同年四月の失業率は一四・七%と、第二次世界大戦後でもっとも悪い数字を記録した。翌月には一三・三%と市場予想を良い意味で裏切り減少に転じたが、それでも労働力人口の一〇人に一人以上が失業しているということになる。

ＦＲＢ政策担当者の予想では、大統領選挙が開催される二〇二〇年一〇～一二月期（第4四半期）の失業率は九・三%と高止まりする見込みだ。想定より景気が回復したとしても、中間選挙の際に記録した三・二%を下回ることは考えられない。トランプ大統領にとっては大きな向かい風だ。

ところで、私は何もここでトランプ氏の敗戦を予想しているのではない。むしろ「弱みを強みに」という戦略に長けている同氏のことだ、違う方法での挽回をもくろんでいることだろう。そもそも感染症対策の是非はともかく、新型コロナウイルス発生そのものの原因がトランプ氏にあるわけではない。それゆえ、トランプ氏が経済的な苦境を乗り切り再選を果たす可能性も十分にあると私は見ている。

兎にも角にも、ここで私が指摘したいのは、米国の実体経済が過去半世紀において類を見ないほどに悪化しているということだ。

アメリカの失業率は、その見た目よりも悪いという指摘がなされている。米労働省は、二〇二〇年四月の失業率が、戦後最悪となる一四・七％を記録したことについて、働いていなくても就業者と見なされる「隠れ失業者」が多数いたため、実際の失業率は二〇％近くに達していた可能性があると説明した。同省は、同様の理由により五月の失業率も実際には一六％程度であった可能性があると説明している。

わかりやすい景気のバロメーターである失業率が、戦後最悪を記録しているという事実（それも長期にわたって高止まりする可能性が高い）を軽視してはならない。五月の雇用統計が市場の予想を良い意味で裏切った際、世界の株価は暴騰したが、少しばかりの改善を過大に評価していると考えられる。

前出のニューヨーク・タイムズは、こう楽観を戒めていた――「三～四月に一時解雇された労働者の多くが五月に職場復帰を果たしたのは間違いない。いったん休業し、営業を再開したレストランで働いていた従業員とか、現場に戻った建設作業員などである。だが、それでもなお雇用者数は二月時点に比べて一九五五万人も少ない」（ニューヨーク・タイムズ二〇二〇年六月一六日付）。

米クリーブランド地区連銀のロメッタ・メスター総裁も、二〇二〇年六月一七日にオンライン形式で実施されたフォーラムにおいてこう釘を刺している――「失業率は五月に改善が見られたものの、なお歴史的な高水準にあるとし、労働参加率の大幅な低下や労働時間の短縮などを踏まえると労働市場が受けた衝撃は経済指標に表れる数字よりも大きい恐れがある」（ロイター二〇二〇年六

米国の新規失業保険申請件数（2019～20年）

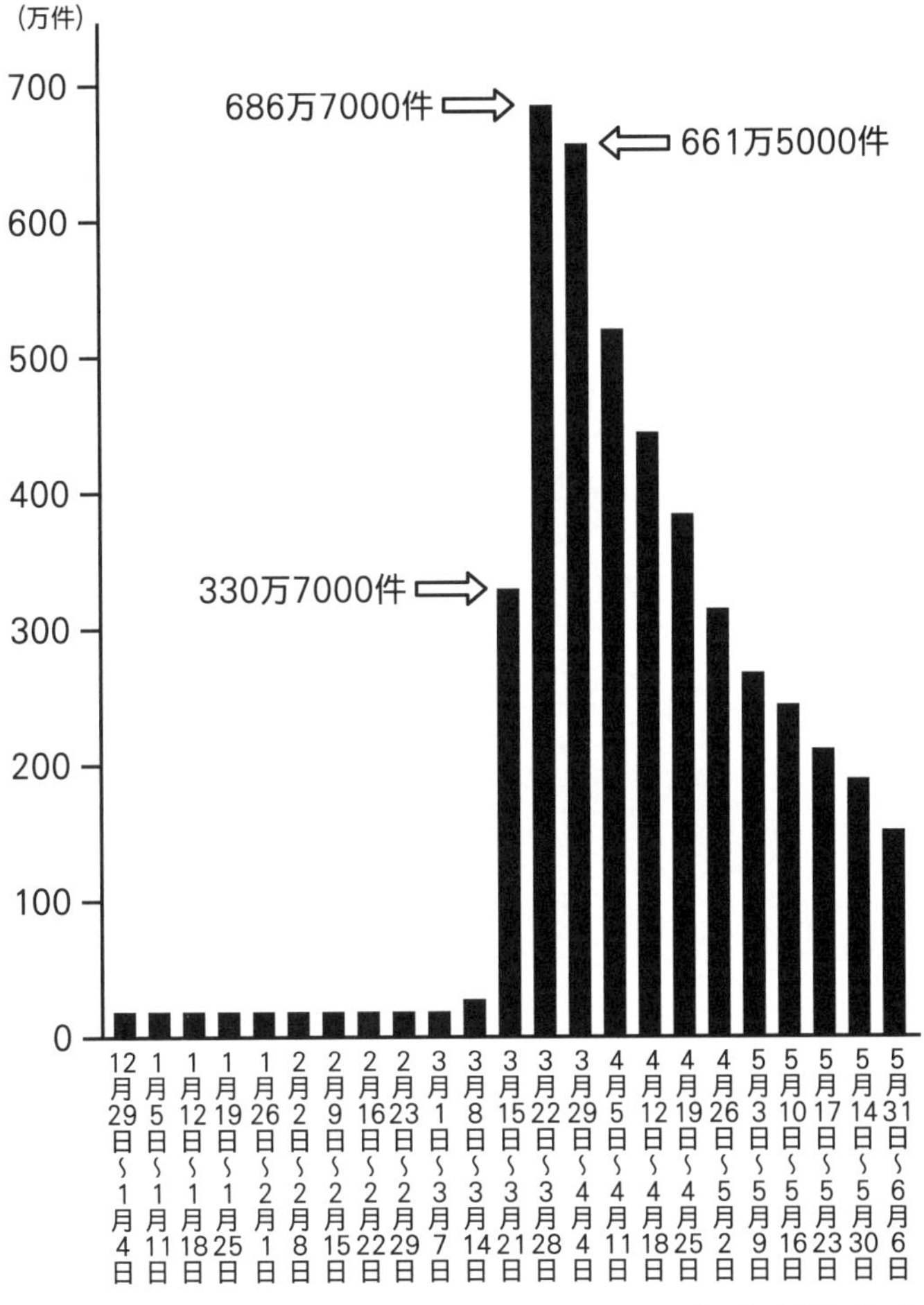

Labor Departmentのデータを基に作成

月一八日付)。

失業率の高止まりというトレンドは、何もアメリカに限ったことではない。日本や中国でも起こっており、失業の増加は経済の最重要部分と言える需要を著しく低下させた。とりわけ先進国では、GDPに占める個人消費の割合が総じて高いが(アメリカで七割、日本で六割だ)、新型コロナウイルスが明日にでも完全消滅しない限り長期にわたる需要の低下は避けられず、ひいては消費の活性化は期待できない。これはすなわち、バブル崩壊で一〇年以上にわたって需要が減少した日本のような状態に、世界全体が陥るということだ。

本章の冒頭で極めて悲観的な見通しを披露した世銀は、今回のコロナショックを世界経済の九〇%以上が連鎖的に縮小する「世界同時後退局面」だと指摘。また、二〇〇八年のリーマン・ショックの際は中国などの新興国が経済成長をけん引したが、今回はそうした存在がいないことが問題だとした。

世銀の見通しでは、二〇二〇年に新興・途上国の経済は全体で二・五%縮小し、過去六〇年で初めてマイナス成長に転落する。アジア開発銀行は二〇二〇年六月一八日、アジア太平洋の新興国経済についての見通しを発表し、「ソブリン危機や金融危機の可能性も排除できない」（ブルームバーグ二〇二〇年六月一八日付）と警告した。

結論からすると、世界全体が「失われた一〇年」を経験する可能性が高まっている。さすがに一〇年は言い過ぎかもしれないが、少なくとも二～三年は需要の回復は期待できないというのが、主要な調査機関の見立てだ。先にＦＲＢは、少なくとも二〇二二年末まで金利をゼロ近辺に据え置くと発表したが、これは長期にわたり需要喚起が必要だと考えている証左である。

日本は、バブル崩壊からおよそ七年後に金融危機を迎えたが、今回のコロナショックの余波で、世界で数年以内に金融危機が起こる可能性は極めて高い。その筆頭候補はメキシコやブラジルといった新興国だが、日米欧や中国で起こる可能性も否定できない。仮に大規模な金融危機でも起これば、世界は「暗黒の（二〇）二〇年代」に突入するだろう。

「失われた四〇年」ではすまない。日本経済の壊滅に備える時

「取引先の中小企業の間ではリーマン・ショックと東日本大震災をあわせた以上の打撃との声が聞かれる」（レコードチャイナ二〇二〇年六月一六日付）――二〇二〇年六月四日、日本記者クラブで会見した城南信用金庫の川本恭治理事長はこう切り出した。続けて、「多くの中小企業経営者は大きな損害を受けており、廃業したくても手元の資金がないという悲痛な相談が連日寄せられている」と打ち明け、城南信用金庫としては平時の五倍の融資案件を実行しているが、「融資だけでは何も解決しない。地域の雇用を守るためにも中小企業の本業への支援が大切だ」（同前）と訴えたのである。

今回のコロナショックを期に、世界から日本的経営なるものに注目が集まった。この日本的経営とは、「手元の現金を厚めにしておく」という経営スタイルで、日銀のデータによると国内企業（金融を除く）が保有する現金・預金は、

二〇一九年末時点で約二八〇兆円にものぼる。

しかし、これらの大部分が大企業のものだ。日本の全企業の九割以上を占め、全雇用の七割を担う中小企業の懐は厳しい。

日本政府が二〇二〇年四月に公表した中小企業白書（令和二年版）では、収入がなくなった場合を念頭に、現金や預金などの手元資金で従業員の給与や家賃といった固定費をどれだけ払えるかという試算がされており、資本金一〇〇〇万円未満の小規模な企業だと全産業で一年未満、とりわけ宿泊業は三ヵ月以内に経営が厳しくなるとしている。総務省統計局によると、日本の企業の約九割を資本金三〇〇〇万円未満の企業が占め、全体の五割が資本金一〇〇〇万円未満の企業だ。

まさに日本経済の屋台骨と言える中小企業は、今回のコロナショックで深刻な打撃を受けている。日経平均株価だけを見るとV字回復しているように映るが、実態は決してそうではない。それは、失業率にも表れている。

総務省が発表した二〇二〇年四月の失業率はわずか二・六％（前月比〇・

一％増）に過ぎず、優に二桁を上回ったアメリカと比べると圧倒的に低い。しかし、日本の潜在的な失業率は二桁にのぼるという指摘がなされている。それは休業者が激増したからで、総務省によると、二〇二〇年四月の休業者数は前月比三四八万人増の五九七万人になった。前年同月比では四二〇万人の増加で、絶対数としては過去最大である。

休業者の中には、失業には至らずとも給与が十分に補償されていない場合も多いとされ、第一生命経済研究所の主任エコノミストである星野卓也氏は二〇二〇年六月五日付のブルームバーグで「休業者がすべて失業者に振り替わった場合、四月の失業率は一一・四％になる」と試算した。同氏はまた、非労働力人口や休業者の増加を踏まえて「失業率だけで見るのはやめておいた方がよい」と指摘。「今回、雇用を多く抱えるサービス業や飲食業など労働集約的なところに特に打撃が及んでおり、製造業に打撃が大きく及んだリーマン時に比べると雇用悪化は大きくなる可能性はある」との見方を示した。

休業者がそのまますべて失業するというのは極論であり、実質的な日本の失

コロナ禍で急増する我が国の休業者

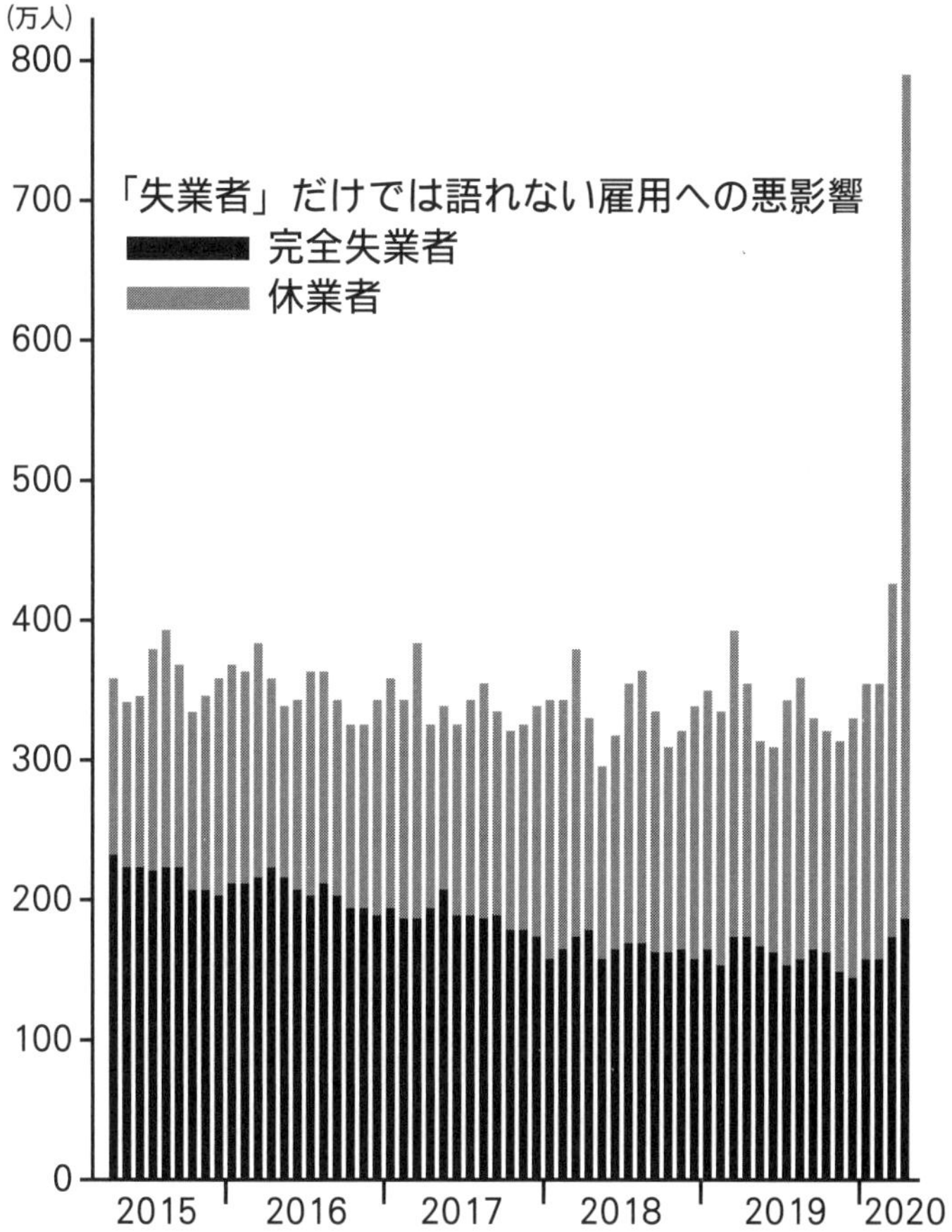

総務省　労働力調査のデータを基に作成

業率が二桁を上回っている可能性は低いが、それでも総務省発表の数字より失業している人は多いと言える。つい最近まで「人手不足」が叫ばれていた日本からすると、驚くべき雇用情勢の変化だ。

日本の就業者数に占める製造業の割合は、一九九〇年代から趨勢的に減り始め、相対的にサービス業に従事する人の割合が高まっている。今回、そのサービス業や飲食業が真っ先に打撃を受けた。そこに、サプライチェーン（供給網）の混乱や外需の著しい低迷によって製造業への打撃も加わってきている。

サービス業と製造業は雇用の約六割を占め、この両セクターの停滞が長期化するとなると日本の失業率は戦後で最悪の上昇を記録するかもしれない。感染拡大の第二波や景気の二番底を踏まえると、少なくともリーマン・ショック以上に雇用情勢は深刻化するだろう。大失業時代の到来に備えるべきだ。

ニッセイ基礎研究所のチーフ・エコノミストである矢嶋康次氏も、極めて厳しい見通しを提示している。同氏は週刊エコノミスト・オンライン（二〇二〇年六月一八日付）の中で二〇二〇年五月二五日にすべての都道府県で緊急事態宣言が解除されたものの、日本経済の「道のりは険しい」と指摘。続けて以下の分析を寄せた――「これまでの外出自粛などの影響により、国内の最終家計消費支出は少なくとも約一五兆円が消失したと推計される。これは、国内総生産（GDP）比でマイナス二・八％に相当する。そして、緊急事態宣言が解除されたとはいえ、飲食店などでは入場規制や座席数の削減といった感染防止策が必要でフル稼働は難しい。消費マインドも冷え込んでおり、長期停滞は不可避だ。そういった状況を踏まえ当社は、GDPがコロナ禍以前の水準に戻るのは二〇二二年度以降になると見込んでいる。二〇年度の実質GDPはマイナス五％を超え、年末には一〇〇万人を超える失業者が新たに発生するとも予想している」（週刊エコノミスト・オンライン二〇二〇年六月一八日付）。

今年末に一〇〇万人の失業者が出るという衝撃的なシナリオだが、これは決してあり得ないことではない。そして雇用情勢の悪化は、GDPの六割を占める個人消費にも深刻な影響をおよぼし、日本経済は負のループに突入する。新型コロナウイルス感染への恐怖に加えて、雇用情勢の悪化により財布の紐を締める人が多くなるのは必至だからだ。

世銀の見通しは前出ニッセイのシナリオよりも悪く、日本の二〇二〇年の経済成長率はマイナス六・一%と、リーマン・ショック直後（二〇〇九年）のマイナス五・四%よりも厳しい景気後退になると予想されている。

とりわけ、中小企業の苦しみは計り知れない。現状は、政府と日銀による「空前絶後」（安倍首相）の支援によってなんとか底割れせずにすんでいる。しかし、前述の城南信用金庫の川本氏が指摘したように、融資などは延命措置に過ぎない。厳しい言い方をすると、脱水症状の最中に毒を飲んでのどの渇きを癒しているようなものだ。感染拡大という根本的な問題が解決されない限り、どこかの時点で企業や個人の破綻ラッシュが到来する恐れが強まる。

観光業の壊滅によって、日本が金融危機に直面するかもしれないという声も出てきた。BNPパリバ証券のチーフ・エコノミストである河野龍太郎氏は、インバウンド関連の低迷が長引くことで起こり得る金融危機のシナリオを提示する。河野氏は週刊エコノミスト・オンライン（二〇二〇年四月一七日付）への寄稿で、「インバウンドの高い成長を当て込み、宿泊・観光セクターは借り入れや設備投資を増やし、都市再開発関連投資も続けられてきたが、（新型コロナウイルス）感染の終息が遅れれば、これらが過剰ストックや過剰債務となるリスクが高まる。四半世紀に及ぶ超低金利政策の継続で、貸出金利は大幅に低下し、資金利ざやが大きく悪化した地域金融機関が近年、注力してきたのも、インバウンド関連や不動産関連の融資だった」（週刊エコノミスト・オンライン二〇二〇年四月一七日付）と指摘。もっとも危惧される事態として「オリンピックの中止」を挙げ、（これらの）「一部が不良債権化し、金融システムを揺るがす問題に発展する恐れがある」（同前）と断じた。

邦銀の〝海外リスク〟も大いに気がかりである。このことは次章で詳しく解説したい。現状からすると、日本は結果的に他国と比べて新型コロナウイルスの感染拡大を上手く抑え込んだ。この理由については、BCG仮説（BCGワクチンの接種を徹底している国は新型コロナウイルスの致死率が相対的に低いという分析）など多くの可能性が取り沙汰されているが、ここでは日本人の民度の高さにあると信じたい。一方で、上手く封じ込められたからこそ感染拡大の第二波や経済危機への警戒が緩んでいるようにも思う。

膨張に歯止めがかからない政府債務の問題も含め、日本経済の問題はあまりに多い。ＩＭＦによると、日本の政府債務は二〇二〇年に対ＧＤＰ比二五一・九％と前年比で一四・五ポイントも膨らむ。今回のコロナ禍で、ワニの口（税収と歳出の差）の上あごは完全に外れた格好だ。このツケはいずれ払うことになるだろうが、それは壮大なものになるだろう。

もっとも、目下に危惧されるシナリオは数年以内の金融危機だ。コロナショック以前の段階で邦銀の融資残高はバブル期並みの水準にのぼっていたが、今回の経済活動の停止（への対策）でそれがさらに増加している。将来的に、それらが不良債権化するリスクは無視できない。

日経平均株価の復調だけを見て、「リーマン・ショックよりも、傷は浅くすんだ」とあなたが考えているのであれば、それは大間違いだ。日本経済は「失われた四〇年」への懸念を通り越し、文字通り壊滅する危険性を秘めている。

広がるワニロ、過去最大の100兆円

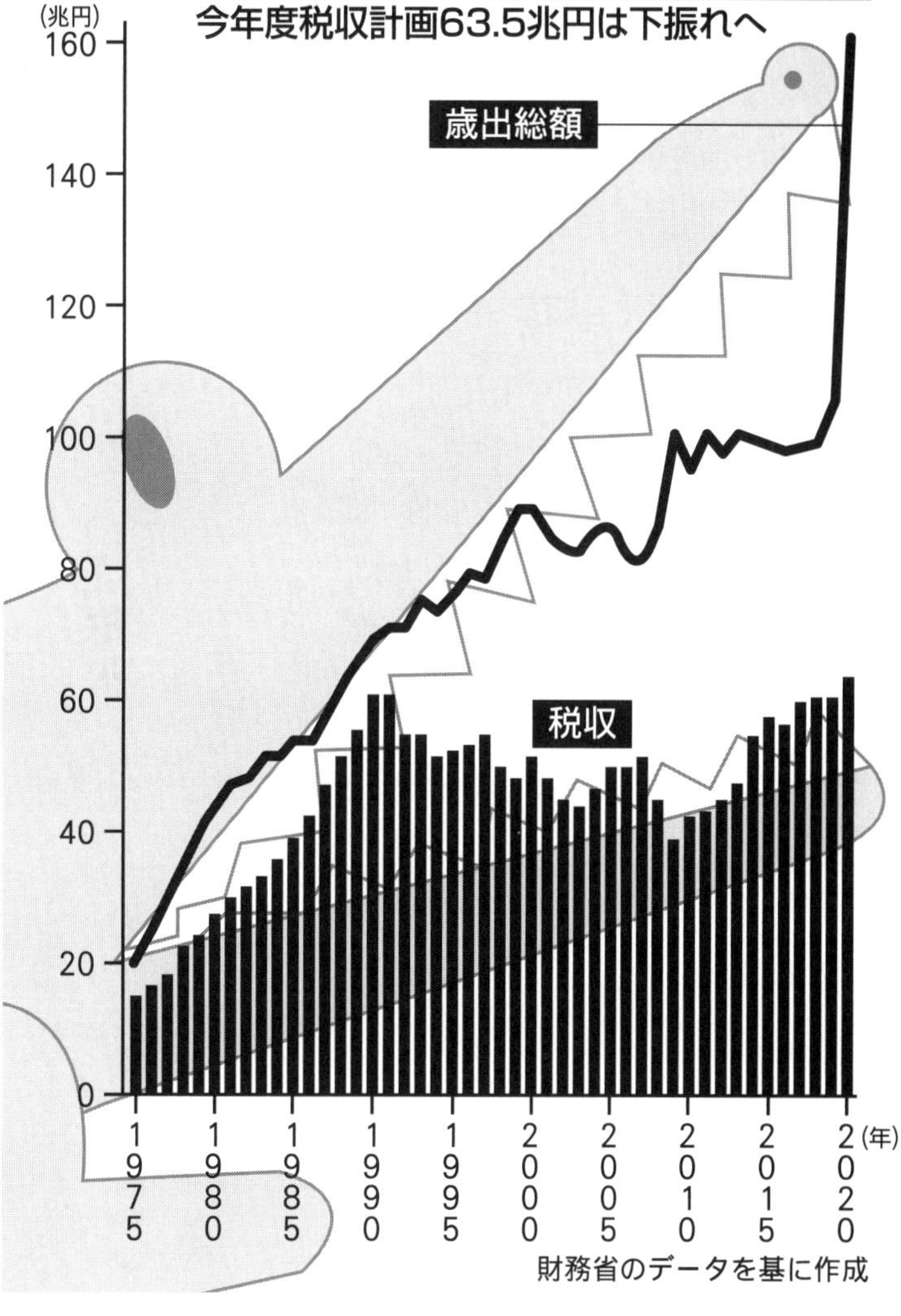

財務省のデータを基に作成

中国経済、庚子（かのえね）の大厄災

唐突だが、日本の干支は「十二支」が一般的だが、本家の中国の干支は六〇ある。その一つに、「庚子（かのえね）年」というものがあるのだが、中国では古くからこの年には「大きな災難が起こる」と言い伝えられてきた。

直近では、一八四〇年のアヘン戦争、一九〇〇年の義和団事件、一九六〇年の大躍進政策（による飢饉）が起きている。そして二〇二〇年のコロナ禍だ。これにより、二〇二〇年一～三月期の中国経済は近代史上で初めてマイナス成長を記録している。中国共産党の指導部は、通年だと二～三％のプラス成長を維持できると試算しているが、果たしてどうか。

少なくとも、日米と同様に中国の失業問題もかなり深刻である。中国政府が発表した二〇二〇年四月の失業率（都市部）は六％と、同年一月の五・三％からほとんど増えていない。しかし、中国の失業統計には二億九〇〇〇万人にお

よぶ農民工（移住労働者）が含まれていないなど精度に欠陥がある。それゆえ、当局発表を信じるエコノミストはほとんどおらず、中国の実際の失業率は少なくとも二桁、最悪の場合は二五％にのぼるとも言われている。

二〇二〇年六月二日付の米ウォール・ストリート・ジャーナルは、次のように伝えた――「オーストラリア・ニュージーランド銀行（ANZ）の推計では、中国の四月の失業者と不完全就業者（不本意ながらパートタイム労働に従事せざるを得ない人や積極的に求職していない人を含む）を合計した広義の失業率は一六％前後となる計算だ。中国経済調査会社のギャブカル・ドラゴノミクスは、三～四月の失業者は六〇〇〇万～一億人と、非農業部門就業者の一一～二〇％に上るとみている」。

五月に入って、中国の雇用情勢は少しずつ改善していると思われるが、ここにきて首都・北京で新たな感染が確認されるなど、先行きは極めて不透明だ。中国政府は極めて強権的な手法で、新型コロナウイルスを「抑え込んだ」と自賛しているが、武漢での流行が収束してからも東北部の吉林省でロックダウン

（都市封鎖）が実施されるなど、〝完全勝利〟とは程遠い状態である。

もともと中国経済は債務まみれの状態となっており、一部の地方銀行など体力のない金融機関の脆弱性が問題視されてきた。日本の不動産バブルの時は民間セクター（家計＋金融部門を除く企業）の債務が対ＧＤＰ比で一七〇％以上にまで上昇した後に危機が訪れたが、ＢＩＳ（国際決済銀行）によると中国の民間セクターの債務は二〇一九年末の時点で対ＧＤＰ比二〇四・六％と、日本のピーク時を優に上回っている。

中国銀行保険監督管理委員会は二〇二〇年五月末、新型コロナウイルスの感染拡大の影響で銀行の不良債権が現在、高水準にあると表明した。中小銀行の資産の質は下押し圧力に見舞われており、一部の金融機関の信用リスクも拡大が続く見通しだという。

中国経済のＶ字回復を占う声も少なくないが、「庚子（かのえね）の大厄災」はまだ終わりそうにない。その大きな理由の一つに香港問題が挙げられる。現在の香港はコロナ禍と米中対立という二重苦にさいなまれており、二〇二〇年

中国のGDP変動率と都市部登録失業率

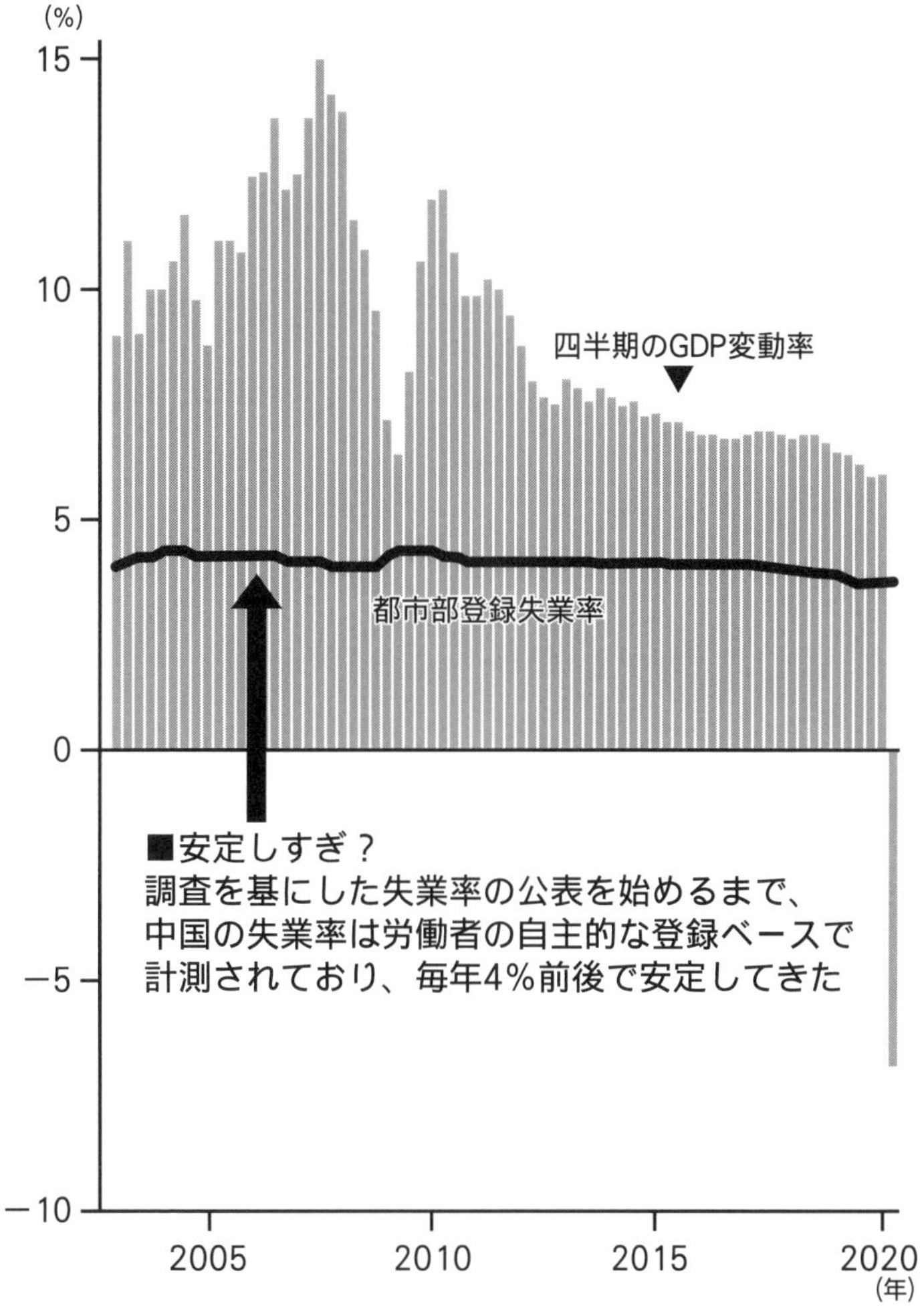

ウインド経由の中国国家統計局のデータを基に作成

一～三月期の香港経済はマイナス八・九％成長と一九七四年の統計開始以来で最悪を記録した。

香港経済はもとより不調で、二〇一九年の実質GDP（域内総生産）成長率はマイナス一・二％とリーマン・ショック以来で初めてとなるマイナス成長を記録していたが、二年連続でマイナス成長になるのはほぼ確実だ。今後の焦点は、果たして香港が国際的な金融センターの地位を維持できるか否かだ。香港へ国家安全法を導入することを中国政府が決定した今、見通しは暗い。

香港には債務問題もある。BISによると、香港の民間セクターの債務は対GDP比三〇六・三％で世界第二位の水準だ。冷静に考えて、経済のマイナス成長と莫大な債務というのは最悪の組み合わせである。悲観的な向きからは、香港ドルの暴落やキャピタル・フライト（資本逃避）により金融危機が起こるという予測が後を絶たない。

二〇二〇年六月一〇日付のブルームバーグは、関係者の話として米ヘッジファンド、ヘイマン・キャピタル・マネジメントのカイル・バス氏が香港ドルと米ドルとのペッグ（連動）制が崩壊する方向にいちかばちかの賭けを行なう新たなファンドをスタートさせたと報じた。ブルームバーグによると、このファンドは香港ドルのオプションを用いて、香港ドルが米ドルに対して下落すれば桁外れの利益を生むが、ペッグ制が一年半後も無傷のままなら投資家は資金をすべて失う仕組みだという。

約三〇年前に始まった香港ドルのペッグ制は、今までに何度も投機筋から攻撃を受けてきたが、崩壊することはなかった。あのジョージ・ソロス氏もアジア通貨危機の際に香港ドルを空売りしたが、返り討ちに遭っている。

前出のバス氏は、先のサブプライム・バブル崩壊の際に住宅ローン担保証券を空売りして莫大な利益を上げた。そのバス氏は香港を「時限爆弾」だと表現し、いよいよ崩壊が差し迫っていると断言している。前述したように、香港が極めて危険な状態にあることは確かだ。

昨今では中国本土の経済が発展してきたため、香港経済が危機に陥ろうとも大した影響はないという声も聞こえてくる。確かに、香港が中国経済全体に占める割合は一九九七年に中国が香港の管轄権を回復した当時と比べて大幅に縮小した。一九九七年のそれは一八・四％であったが、直近では二・七％にまで低下、二〇一八年にはお隣の深圳市にもＧＤＰ規模で抜かれている。

しかしながら、中国本土は金融の面で多くを香港に依存しており、まさに一蓮托生の関係だ。言い方を変えると、香港が傾けば中国本土も傾く。それも、大きく傾く。

この項の冒頭で、六〇年に一度の庚子（かのえね）年には不吉なことがあると記したが、一八四〇年のアヘン戦争の結果として香港はイギリスに割譲されたということは忘れてはならない。今回の庚子《かのえね》でもコロナ禍に見舞われたのだから、中国ひいては香港でさらなる混乱が起こる可能性は、十分ある。

第二章

あなたの預金は安全か⁉

——危ない銀行実名公開

なぜ、コロナ禍が一段落しても銀行は融資できなくなるのか

第一章では、新型コロナウイルスが世界経済にすさまじいダメージを与えたことを見てきた。この大不況は、そう簡単には終わらない。三年から五年は尾を引くことを覚悟しておかねばならない。

その理由の第一は、読者の皆さんも認識されている通り、第二波・第三波はまず間違いなくやってくるからだ。本稿を書いている二〇二〇年六月上旬現在、発生源・中国や次いで感染が拡大した先進各国は、経済規制を緩める方向に舵を切ってきている。アメリカなどは一日の感染者が二万人以上、死者も一〇〇〇人近くも出ているのに経済再開に踏み出した。わが国でも五月二五日に緊急事態宣言が解除され、様々な活動が再開のスタートを切った。

いつまでも経済活動の停止・自粛をしていたら、「感染死」は抑えられても「経済死」は拡大してしまう。だから、経済再開はやむを得ない。その考えはわ

かる。しかし、それは痛し痒しであり、人が移動し集まるようになれば、深刻な第二波・第三波が発生しかねない（実際、アメリカでは経済活動を早期に再開した州が多い南部と西部を中心に再び感染が拡大し、七月二日にはついに新規感染者数は五万五〇〇〇人を超え、一日当たりの最多記録を更新してしまった。今後も予断を許さない）。そうなれば、再び医療は崩壊の危機に瀕し、経済活動は停止・自粛に戻らざるを得ないだろう。

よしんば深刻な第二波・第三波がこなかったとしても、旅行業や飲食業が元のレベルまで回復するのは、いつになるかまったく見通せない。こういう状況が続けば、旅行や飲食関連などを中心に倒産が相次ぐのは間違いないし、明確な需要が見込める事業は極めて少なくなってしまうから、新しい事業を始めようとか、新しい設備投資をしようという動きは当面なかなか立ち上がってはこない。こういう推移をたどらざるを得ないのだから、コロナ後の経済は、当然スローにしか回復して行かない。

それればかりではない。需要が一定期間失われるために、倒産したり新規事業の立ち上げを見送るというだけでなく、成長の可能性そのものが失われるメカニズムが動き始めてしまうのだ。どういうことか、説明しよう。あるアントレプレナー（起業家）が、計画していた新規ビジネスの立ち上げを遅らせ、コロナ感染が落ち着いた後、改めてスタートしようと考えたとする。初期投資にはお金がかかる。ここで問題なのは、金融機関の融資姿勢だ。

今、コロナ危機は「大恐慌以来」「一〇〇年に一度」の危機と言われる。当然、倒産は続出する。そうなれば当然、銀行は山のように不良債権を抱え、多額の損失を計上することになる。そうなると、銀行の自己資本比率が低下し、貸し渋りをせざるを得なくなる。なぜ、自己資本比率が低下すると貸し渋りをせざるを得なくなるのか、簡単に説明しておこう。銀行にとって、預金は「負債（他人資本）」であり、これは返さなくてはいけないお金だ。それに対して、普通株式や内部留保など返さなくてもいいお金を「自己資本」という。実は銀行業というのは、この自己資本比率が極めて低い業種であるのだ。

銀行には「自己資本比率規制」というものがあるが、それは海外にも拠点を持つメガバンクで八％以上、海外に拠点を持たない地銀では四％以上となっている。逆に言うと、地銀の場合、九六％は負債で構わないということだ。こんな業種は他にはない。はっきり言って、普通の事業会社で自己資本四％、他人資本（負債、つまり借金）九六％でやっている会社は、もういつ倒産してもおかしくない。九六％も借金で会社経営していたら、銀行から「返して下さい」と言われたら、いっぺんに倒産してしまう。

銀行の場合は、お金を貸してくれているのは預金者だ。通常、預金者から一斉に「返して下さい」などと言われることはない（ただし、「通常」の話である。一斉にこられたら、つまり「取り付け」が発生したら、銀行はもたないということがおわかりいただけるだろう）。だから、地銀の場合は自己資本比率四％でいいですよということなのだが、今でも五％くらいの地銀は少なくない。

そんな地銀が今まさに、「コロナ倒産ラッシュ」に見舞われようとしているのだ。コロナ倒産が続出すると、貸出債権の悪化（不良債権化）が進み、実際に債権の回収ができなくなったり、回収不能に備えて引当金を計上する必要が出てくる。回収不能になった債権の発生や引当金計上は、銀行にとって損失となる。損失がわずかであれば本来の銀行業務収益などでカバーできるが、（後述するが、実は本来の業務収益もすでに危機に瀕している）、損失額が多額になると赤字を計上しなければならない。この赤字額が膨らむと、自己資本を取り崩す必要が出てくる。

この時、自己資本比率計算上の分子に当たる自己資本の方が減少してしまったのだから、分母をそのままにしていたら自己資本比率が下がってしまう。分母も小さくしなければならない。銀行の自己資本比率を計算する時の分母は「リスクアセット」と呼ばれ、「融資」や運用している「国債」などだ。これを小さくしなければならないということは、融資は減らさなければならないので、当然新規融資などできない。

こうして、コロナ感染が一服した後の段階でもコロナ倒産の続出により傷んだ銀行は、せっかく有望な新しい事業であっても融資できなくなる。これが、成長の可能性そのものが失われるメカニズムだ。

不良債権化覚悟で突き進む緊急融資

二〇二〇年三月六日、麻生太郎財務相は民間金融機関に対し、中小企業の資金繰りに対応するよう要望した。それを受けて、今全国の金融機関が緊急融資制度を導入している。それに先がけて京都銀行などは、地方自治体からの要請を受けて、すでに二月から緊急融資制度を導入している。

しかし、緊急融資に押し寄せるのは、すでに資金繰りに困窮し青息吐息になっている企業ばかりだ。緊急融資で一時は延命できたとしても、将来、返済不能になる可能性は大きい。そもそも、地域経済は人口減少・需要縮小下にあったのだ。そこへもってきて、コロナからの立ち上がり経済においては、需要は一気に元通りとは行かないから、マイナスの売上が続くことは当然予想される。そんな状況下で、果たして緊急融資を受けた企業はどれくらいもつのだろうか。金融機関は、大量の不良債権を抱え込む可能性が高いのではないだろうか。

経営コンサルタントの日沖健氏は、二〇二〇年四月二三日付東洋経済オンラインに『地方銀行の崩壊』コロナが映す暗い未来予想図　銀行破綻が『連鎖的な企業倒産』招く危険も」と題する論考を寄稿しているが、その中である関東の第二地銀幹部の本音コメントを紹介している。「わが行は、何もしなければ一〇年以内に破綻します。緊急融資の信用リスクは重々承知していますが、座して死を待つより、覚悟を決めて突き進むしかないのです」（東洋経済オンライン二〇二〇年四月二三日付）。

このような声は、いろいろなところから漏れ聞こえてくる。

元共同通信社経済部次長、日銀キャップの小野一起氏は、元日銀幹部から信金の営業マンまで金融の最前線を知る人たちとの緊急対談をまとめ、二〇二〇年六月一日付現代ビジネスに「コロナ融資は不良債権の山に…？　現役行員が明かす『驚くべき内部事情』」と題する記事にしている。元日銀幹部氏はリーマン・ショック時と比較して、このように述べる――「リーマンショックがあった二〇〇九年でも、世界の成長率はマイナス〇・一％でした。よく『リーマンショック級』なんて表現がありますが、コロナショックは、そんな甘いものではない。銀行にしてみれば、はりきって実行した融資が、不良債権の山になる恐怖に襲われたわけです。今は肝が冷えているでしょう」。

大手信金の法人営業担当者は、現場に立つ者としての率直な心境を「恐怖」という言葉で語っている。「われわれは徹底的に地域に密着してお客様に寄り添う戦略です。信用保証協会を利用したコロナ関連融資には融資が実行されるまでに時間がかかるため、その間の資金繰りをつなぐために、ほぼ即決で融資を実行することもあります。（中略）ただ、これから本格的に景気後退が訪れた場合、この局面で実行した融資が三年後に大量に不良債権化する恐怖は常に頭を離れません」（現代ビジネス二〇二〇年六月一日付）。

現場に立つ者、現場を知る者は誰もが、これから間違いなく発生する不良債権の山に恐怖を感じているのだ。

ワーストランク1、2位地銀はこの二つ

では、具体的に「危ない」銀行はどこなのか？　『週刊ダイヤモンド』は四月一一日号で「選別される銀行」を特集した。その中で地銀一〇四行についてもいろいろな角度から分析している。

その中から、「顧客向けサービス業務の利益率」に注目してみたい。顧客向けサービス業務とは、「融資業務」と投資信託や保険の窓口販売による「手数料業務」の二つだ。つまり、銀行の本業である。「銀行がやってることって、他に何があるの？」と思われた方もいるかもしれないが、銀行の儲けを稼ぎ出す手段は他にもある。それは、「運用」だ（運用については後述する）。この顧客向けサービス業務の利益率がマイナスになってしまっている地銀は、実はたくさんある。二〇二〇年三月期における利益率ワースト10は六九ページの表の通りだ。

また、『週刊エコノミスト』も、二〇一九年一二月一七日号で「勝つ　負ける

地銀」という特集を組んでいるが、そこでも地銀の収益率ランキングを発表している。こちらは、「総資産」に対する「コア業務純益（除く投信解約損益）」の比率（一般事業会社の「総資産利益率」〈ＲＯＡ〉に当たるもの）でランキング化したもので、こちらでは基本的に有価証券による運用収益も加味している。この二つのランキング、計算方式が微妙に異なるので意外と重なっていない。しかし、ワースト1、２は共通している。

地銀・信金の「ゾンビ企業」化に手を貸す政府

ここに名前を挙げた地銀は、コロナ倒産続出云々の以前に、すでに本業で稼ぐ力がないのだ。それでもなんとかやってこられたのは、曲がりなりにも「戦後最長の景気回復」（二〇一二年一二月〜）のお陰で企業倒産が少なく抑えられてきたからだ。しかし、そんな時代は完全に終わりを告げようとしている。

銀行は融資債権の回収が不能になった場合に備え、各期の利益から債権の額に応じて貸倒引当金を積み立てている。こうしておけば、いざ回収不能となった場合、大きな損失をこうむるリスクを回避できる（あらかじめ貸倒引当金繰入額として、費用として計上しておく）。問題は、地方銀行が適切な貸倒引当金を積んでいるかだ。

貸倒引当金は、「過去の一定期間」の貸倒実績によって算出される。この算定期間は、銀行によってかなり異なる。大手行の場合、長い期間を取っているところが多い。しかし、地銀や信金では三〜四年のところが圧倒的に多い。つまり、倒産が少なかった時期の貸倒実績で算出しているのだ。当然、これから続出するコロナ倒産による貸し倒れには全然足りない。だから、本来ならばコロナ倒産続出が予想される今、貸倒引当金を見直さなければならない。

しかし、そもそも先に見たような本業でマイナスになっているような銀行は、貸倒引当金を積む（貸倒引当金繰入額という与信費用を計上する）余裕などないから、これからやってくる大量倒産時代には業績を大幅に下方修正して巨額の損失を出すことになるだろう。

本業の利益率（損失率）地方銀行ワースト10（2020年3月期）

順位	銀行名	所在地	順位	銀行名	所在地
1	**福邦**	福井県	6	**富山**	富山県
2	**島根**	島根県	8	**中京**	愛知県
3	**長野**	長野県	9	**高知**	高知県
4	**富山第一**	富山県	10	**長崎**	長崎県
5	**山梨中央**	山梨県	10	**青森**	青森県
6	**愛知**	愛知県			

『週刊ダイヤモンド』2020年4月11日号のデータを基に作成

ROA（総資産収益率）地方銀行ワースト10（2019年9月中間期）

順位	銀行名	所在地	順位	銀行名	所在地
1	**島根**	島根県	6	**筑波**	茨城県
2	**福邦**	福井県	7	**中京**	愛知県
3	**長崎**	長崎県	8	**みちのく**	青森県
4	**沖縄海邦**	沖縄県	9	**福島**	福島県
5	**仙台**	宮城県	10	**宮崎太陽**	宮崎県

『週刊エコノミスト』2019年12月17日号のデータを基に作成

もちろん、政府も手をこまねいているわけではない。巨額の二次補正予算が成立した二〇二〇年六月一二日、一般のニュースではほとんど取り上げられなかったある法律が成立した。その法律とは「改正金融機能強化法」だ。この法律制定の背後には、金融庁の大変な危機感があった。新型コロナ感染の第二波がくれば、廃業・倒産の企業が続出するのではないか。そうなれば、銀行もただではすまない。果たして、九月中間決算を乗り越えられるのか……。銀行破綻――これだけはなんとしても防がなければならない。最後の救い主は国しかない。そこで、地銀・信金が倒れないように、「いざとなったら、国がさっと公的資金を出しますよ」というようにしたのだ。

この改正法によって、どうなったのか。まず、金融機関が公的資金を申請できる期限が二〇二二年三月末から二六年三月末まで四年間延長された。コロナ不況がかなり長期化した場合でも、向こう五年弱の期間は公的資金が当てにできるようになった。次に、銀行が公的資金を申請する際に事前に求めていた、収益目標の策定や経営責任の明確化が不要とされた。目標はいらない、責任も問わない状態で公的資金を入れますよというのだ。さらに、従来は一五年以内を目安として返済期限を設けていたが、今回これが撤廃された。これは事実上、返さなくてよいということだ。要は、「コロナ不況→巨額の不良債権→地銀・信金破綻」を避けるために、その焦げ付き分は国が持ちますよということだ。言わば「コロナ特例」とも言える措置だ。

しかし、地方の金融機関はもともと人口減・需要減で苦しい経営環境にあったのだ。今回の措置は、モラルハザードにつながるのではないか。地銀・信金そのものの「ゾンビ企業」（注：経営が破綻しているにも関わらず、支援によって存続している企業）化に手を貸すことにならないか。そして、こんなことをやって国自体は大丈夫なのか……？

日銀・金融庁も警鐘を鳴らすハイリスク商品「ＣＬＯ」とは

先に、「本業以外で銀行の儲けを稼ぎ出す手段は他にもある。それは、運用だ」と述べた。これほど超低金利がうち続いている今日、この運用が至難であることは言うまでもない。そこで銀行は、従来手を出さなかった「ハイリスク商品」に手を出さざるを得なくなっているのである。

まだ、武漢で新型コロナウイルスの感染が始まったばかり（誰一人、今日のパンデミックと経済危機を予想していなかった）の二〇一九年一二月一七日、ブルームバーグは「日本の地銀、高リスクのクレジット商品にますます踏み込む」という調査結果を伝えた。それによれば、地銀の運用はこれまで日本国債が中心だったが、低利回りが長期化する中で利益確保に苦戦する日本の地方銀行の一部は、ハイリスク商品へとますます踏み込みつつあるという。

ハイリスク商品とは、ジャンク級（投機的格付け）に近い外債やローン担保証券（ＣＬＯ）などだ。ブルームバーグの調査に答えた地銀二九行のうち、五行が投資適格ギリギリのトリプルＢ級格付けの外債を購入したと回答。二行は、ＣＬＯを保有していると回答したという。

このブルームバーグの記事では、ハイリスク商品ＣＬＯを保有している地銀の名前は出てこない。地銀でこういったハイリスク商品に手を出しているところはどこなのか？　それに関しては、もう少し後で述べることにして、まずはこのローン担保証券（CLO）についての話を、もう少し続けよう。

実は、二〇二〇年六月に入って、このCLOは新聞紙上を多少にぎわした。なにぶん、「ローン担保証券（CLO）」などという金融の専門商品に関する記事であるので一面トップの取り扱いというわけには行かないが、それでも多くの新聞の経済面で三～四段の記事にはなっていた。

その内容は、六月二日、日銀と金融庁が合同調査の結果を発表し、新型コロナウイルスの影響でCLOなど金融商品の価値が下がれば、保有する邦銀に損失が発生するリスクがあると警鐘を鳴らしたというものだ。

いささか手前味噌の話になるが、日銀と金融庁がつい最近になって警鐘を鳴らし始めたこのCLOのリスク、私は一年以上前から指摘していた。二〇一九年六月に私は『都銀、ゆうちょ、農林中金まで危ない!?』（第二海援隊刊）を上梓した（執筆は二〇一九年五月）。なぜ、都銀、ゆうちょ、農林中金が危ないのか？――ＣＬＯを爆買いしているからである。この本の第一章の見出しはそのものずばり、「邦銀が爆買いするＣＬＯ（ローン担保証券）――その構図は先のリーマンと同じ⁉」である。

そのため、以前からの私の読者にとっては、ＣＬＯとはどんな金融商品でいかにハイリスクであるかはもう既知のことであるのだが、初めてその名前をお聞きになる読者もいるだろうから、改めて簡単に説明しておこう。

ＣＬＯ（ローン担保証券）とはどんな証券なのか？　ずばり、リーマン・ショックを引き起こしたＣＤＯ（債務担保証券）のようなものである。リーマン・ショックを引き起こす大元になった「サブプライム・ローン」とは、アメリカの信用力の低い低所得者向けの住宅ローンだ。そういう低所得者向けのサブプライム・ローンは、当然返済が滞るリスクが高いはずだが、それを数多く束ねて安全性の高いもの・中くらいのもの・低いもの（その代わりハイリターン）というように区分けして証券化すれば大丈夫、という話だったのだ。

しかし、結果的には安全性が高いと思われていたＣＤＯも相次いで債務不履

リーマン・ショック時のCDOは今日のCLOだ！

リーマン・ショック時
（2008年）

CDO

（低所得者向不動産ローン）

↓

今　回（2020年〜）

CLO

（欧米ゾンビ企業向ローン）

行に陥り、世界的な金融危機を引き起こした。ＣＬＯのＬも「ローン（Loan）」。しかも、どういうローンかというと、「レバレッジド・ローン」（以下、レバローン）といって信用力が低い非投資適格企業へのローンなのだ。ＣＤＯとそっくりではないか。

ＣＬＯについて、もう少し詳しく説明しておこう。信用力の低い企業向け融資であるレバローンは、リーマン・ショック当時から存在したが、ここ一〇年で約二倍に増加した。そして二〇一八年には、新規のレバローンの六〇％超がＣＬＯに組み込まれ、ＣＬＯの年間発行額は過去最高を更新した。ＣＬＯには、大体二〇〇〜三〇〇ものレバローンが束ねられている。投資適格ではない企業一社に貸し込めば、倒産した時のリスクは極めて高いが、非投資適格企業でも二〇〇社、三〇〇社が皆いっぺんに潰れることはない（だろう）。しかも、ＣＬＯは、元金償還の安全性度（「トランシェ」と呼ばれる）に応じてそれぞれ三つに区分されており、上から順に「シニア」「メザニン」「エクイティ」と呼ばれている。

邦銀のCLO保有額（2020年3月期）

	銀行名	保有額
1	農林中央金庫	7.7兆円
2	三菱UFJフィナンシャル・グループ	2.3兆円
3	ゆうちょ銀行	1.8兆円
4	みずほ銀行	0.6兆円
5	三井住友トラスト・ホールディングス	0.5兆円
6	三井住友フィナンシャル・グループ	0.1兆円

もし、CLOに組み込まれている低格付け企業向け融資のうち、いくつかが焦げ付くとCLOは傷むわけだが、その場合、まずもっとも格付けの低い「エクイティ」から毀損して行く。エクイティは、それだけハイリスクだから格付けは付与されないが、その分利回りは一五％前後と極めて高い。「メザニン」は、トリプルB～シングルBの格付けで、利回りは六％前後。そして「シニア」は、トリプルA～シングルAの格付けが付与され、利回り二％前後。今のご時世、二％の利回りなら御の字だ。

そして、日本の金融機関が保有しているCLOの九九％以上はトリプルAのシニアであり、これは米銀の七七％や英銀の五〇％強に比べると極めて高い水準にある。そのため、CLO保有のリスクは極めて限定的だというのが彼らの言い分だ。日銀と金融庁の調査によれば、二〇一八年末時点の世界のCLO残高は八二兆円。このうち日本の金融機関による保有は、一八％に当たる一四兆三〇〇〇億円にもおよぶ。うち一二兆八〇〇〇億円は、七七ページの表のように大手金融機関が保有している。

ＦＲＢの「禁じ手」、ジャンク債購入で救われたＣＬＯ

邦銀のリスク説明は、一応理に適っている。しかし、こういった最先端の金融商品には、予期せぬリスクが必ず潜んでいる。リーマン・ショック前、ＣＤＯ（債務担保証券）があんな事態を引き起こすとは、誰も想像だにしていなかった。「金融工学はすべてのリスクをヘッジする」と、合理的に考えられていたのだ。

ここにきて、ＣＬＯ市場には大きな変化が生じている。レバローンの貸付先企業で、自己資本に対する借入金の割合を示す「レバレッジ比率」が上昇するなど質の劣化が懸念され始めており、市場規模は急減し始めている。低格付け企業向け融資残高の六割を占めるＣＬＯ市場が縮小すれば資金調達の経路が細り、ＣＬＯの元になっている貸出しの焦げ付きリスクも高まることになる。

新型コロナウイルスも、ＣＬＯに影響をおよぼしている。先の日銀と金融庁の合同調査レポートには、このように書かれている――「本年入り後、海外クレジット市場は、新型コロナウイルス感染症の拡大の影響から一時大きく調整したが、各国政府。中央銀行の政策対応の効果もあって、足もと幾分落ち着きを取り戻している」。

八一ページのグラフでおわかりの通り、確かに、急落後、戻しているようだ。一体何が功を奏したのか。米連邦準備理事会（ＦＲＢ）が、前代未聞の「禁じ手」を使ったのである。禁じ手とは、「ジャンク債の購入」だ（ジャンクとは、がらくたの意味。ハイリスク・ハイリターンで格付けはダブルＢ以下、投資不適格とされる債券がジャンク債）。

ＦＲＢが損失を出せば、基軸通貨ドルの信認が揺らぐ。だからハイリスクのものを買うのは禁じ手だった。実際、ＦＲＢは二〇〇八年のリーマン・ショック時にも企業金融に踏み込んだが、購入対象は償還期間が短く格付けの高いコマーシャルペーパー（ＣＰ）にとどまっていた。

しかし、四月九日、ＦＲＢは最大二・三兆ドル（約二四八兆円）にのぼる新

レバローンとCLO価格の推移

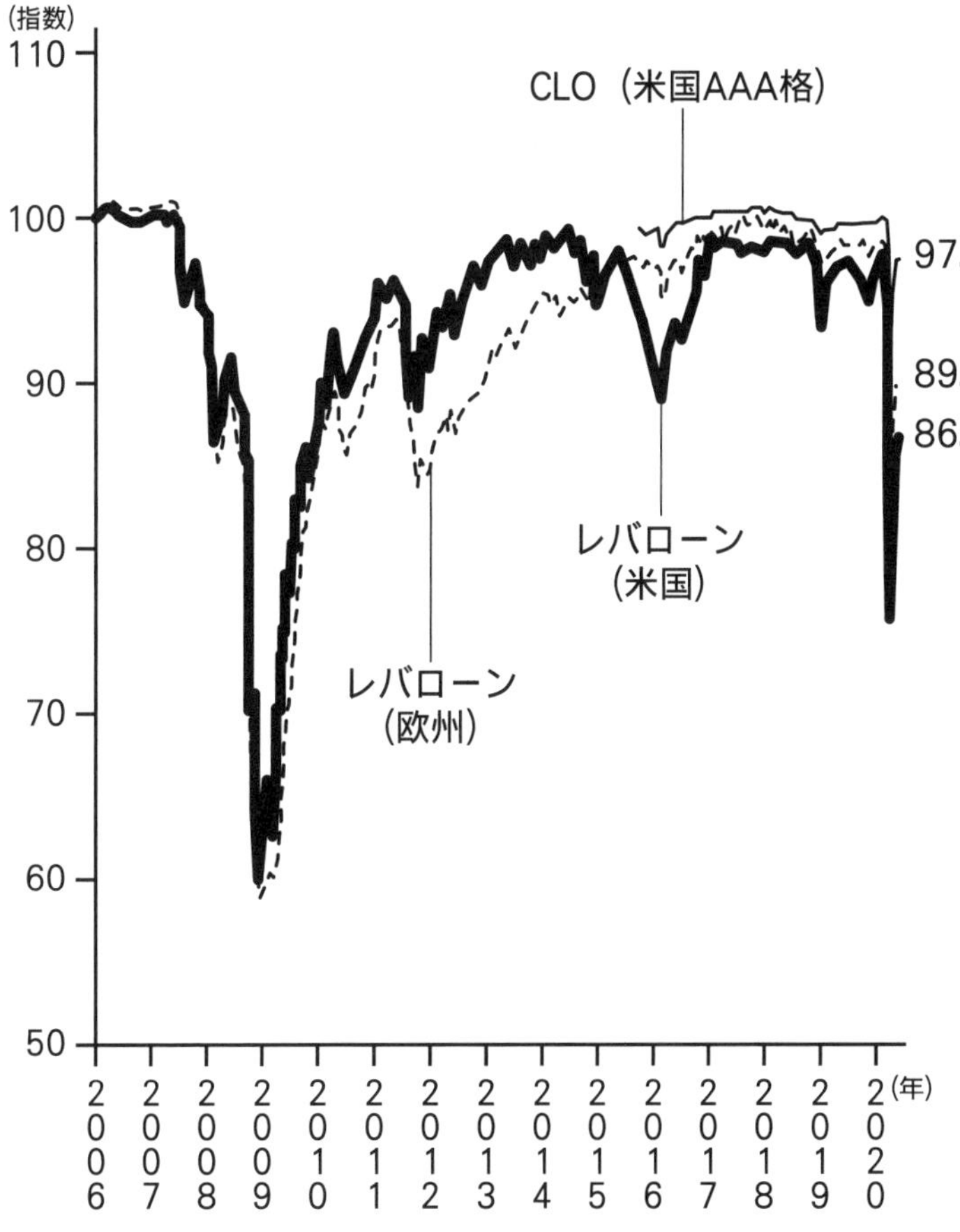

注：「レバローン（米国）」はS&P/LSTA Leveraged Loan Index、
「レバローン（欧州）」はS&P/European Leveraged Loan Index、
「CLO（米国AAA格）」はPalmer Square Price Index。
直近は2020年5月15日。

ブルームバーグのデータを基に作成

たな緊急資金供給策を発表し、その柱の一つとして信用格付けが投機的水準のジャンク級（ダブルB格）に下がった社債まで購入することを盛り込んだのだ。また、トリプルA格の既発CMBS（商業用不動産ローン担保証券）や新発のCLO（ローン担保証券）を担保とした資金供給策も取り入れられた。

これらを受けて、低格付け債に投資する上場投資信託（ETF）は価格が七％も上昇し、新型コロナウイルスの影響が深刻化する前の二月の水準まで一気に近づいた。先のレバローンとCLOの戻しも、このFRBの決定を受けてのものだ。

しかし、国債を一手に引き受け、株価下支えのためにETF（上場投資信託）を買いまくり、一〇％以上の株式を保有する企業の数は五六社にのぼる（二〇二〇年三月末時点）という日銀だって、ジャンク債を買うなんてことはしない。日銀のやっていることも異常だが、FRBがやったことは文字通り「禁じ手」だ。そこまで強引な力技を使わなければ暴落しかねないものを、邦銀は大量に買っているのである。

この地銀はＣＬＯを保有している

さて、話をＣＬＯを保有している邦銀に戻そう。先の二〇二〇年六月二日の日銀と金融庁の合同調査結果の報道の中でも、大手金融機関は名前が出ていたが、地銀で名前が出ているところはなかった。

しかし、ブルームバーグが報じていたように、地銀でもＣＬＯに手を出しているところはあるのだ。それはどこなのか？　そのうちの一行は、常陽銀行だ。『週刊金融財政事情』二〇一九年五月一〇日号によれば、二〇一八年一二月末時点で、常陽銀行はＣＬＯを含む外債の変動債全体で八七六億円を保有しているとのことだ。常陽銀行は茨城県を地盤とし、総資産は一〇兆円を超える地銀大手だ。そして、先に紹介した『週刊エコノミスト』による有価証券による運用も加味した地銀収益率ランキングでは、上から七番目にランキングされている。全国トップクラスの収益力と言ってよい。

しかし、『週刊ダイヤモンド』による運用を含めない顧客向けサービス業務での利益率ランキングでは、一八位までランキングを落とす。通常の顧客向け業務では収益がなかなか上がらず、ハイリスク商品の運用によって収益を上げていたことが見て取れるのではなかろうか。

あの〝バフェット〟が見放した航空業界

新型コロナウイルスで甚大な影響を受けている業種というと、飲食店やホテルなどの観光業がまず頭に浮かぶが、会社単位で言えばそれらよりもはるかに巨額な損失をこうむっている業界がある。そう、航空業界である。

二〇二〇年三月から五月にかけて、世界中で人の動きはほぼ完全にストップした。旅客機はほとんど飛べなくなり、航空業界からは悲鳴が上がった。六月に入って少しづつ動き出してはいるが、本来の動きにはまだ程遠い。

五月二日、著名投資家ウォーレン・バフェット氏率いる投資会社、米バークシャー・ハサウェイは、年次株主総会を開いた。この総会でバフェット氏は、保有していた米大手エアライン四社（デルタ航空・アメリカン航空・ユナイテッド航空・サウスウエスト航空）の株式をすべて売却したと明かした。デルタ航空などエアライン株はバフェット氏の「お気に入り銘柄」として知られていただけに驚きが広がり、株主からの質問も集中した。

バフェット氏は、二月にデルタ株を一旦買い増したことについて「間違いだった」と認め、新型コロナウイルスの感染拡大によって「世界が変わった」と発言。「人々が三〜四年後に、昨年までと同じくらい飛行機に乗るかどうかわからない」（ニューズウィーク二〇二〇年五月七日付）と悲観的な見方を示した。

長期投資に適した株を見抜くという点で、バフェット氏の目は世界一だというのは、投資の世界では常識だ。そのバフェット氏から完全に見放された航空業界は、厳しい冬の時代を迎えたと言わざるを得ない。

こうした中、今世界中で航空会社の破綻が続出している。ヴァージン・オーストラリア・ホールディングスは二〇二〇年四月二一日、日本の民事再生手続に当たる「任意管理」に入ったと発表した。事実上の経営破綻である。二〇二〇年五月一〇日には、コロンビアのアビアンカ航空を傘下に持つアビアンカ・ホールディングスが、二〇二〇年五月二六日にはチリのラタム航空を傘下に持つラタム航空グループが、日本の民事再生法にあたる米連邦破産法一一条の適用をニューヨークの連邦破産裁判所に申請。二〇二〇年五月一九日にはタイ国際航空が申請した破産法に基づく会社更生手続きについて、タイ政府が承認したと発表。これもまた、事実上の経営破綻である。

ＩＡＴＡ（国際航空運送協会）は二〇二〇年四月二三日、欧州の航空会社の今年の減収規模が八九〇億ドル（約九兆六一二〇億円）に拡大し、旅客需要は二〇一九年の水準を五五％下回るとの予測を発表した。ＩＡＴＡは、世界の航空業界が抱える債務が二〇二〇年末までに五五〇〇億ドル（約五九兆四〇〇〇億円）に達するとの見通しを明らかにした。二〇二〇年初と比べて二八％上昇し、金額にして約一二〇〇億ドル増加する。ＩＡＴＡは政府による支援を訴えており、実際北米などで政府は支援に動いているし、わが国でも国内航空業界に対して総額二兆五〇〇〇億円の支援が検討されているという。

倒れるか、それとも巨額な政府支援か――航空業界がこんな極端な話になるのは、とにかく図体が大きいからだ。先にバフェット氏が米大手航空会社の株式をすべて売却したことについて述べたが、いずれも米大手というだけでなく世界有数の航空会社だ。売上ではアメリカン航空が世界一で、デルタ航空が第二位。いずれも売上高は四〇〇億ドルを超える。運ぶ旅客数は、アメリカンが年間二億人強でデルタが二億人弱。保有している飛行機の数は共に一〇〇〇機を超える。そして、この飛行機の値段が桁違いだ。世界最大のエアバスＡ３８０やボーイング７７７－９クラスになると、一機で約五〇〇億円もするのだ。

メガバンクが手を出してしまった金融爆弾「航空機リース事業」

こんな超高額なものを、航空会社は何百機、あるいは一〇〇〇機以上も所有しているのかというと、そうではない。これらは、「リース」なのだ。あらかじめ使用期間を設定し、満了時の売却価値を算出し、それを差し引いた残額を保有期間で按分して実質的な利息を航空会社が銀行などに支払う。こういう「オペレーティングリース」という手法を使っている（ちなみに、リースにはこういう「オペレーティングリース」と、借り手が物件価額のすべてをリース料として支払う「ファイナンシャルリース」とがある）。オペレーションリースを活用することで、航空機は大手航空会社から中堅会社、さらには格安のＬＣＣへと使い回されて行く。

こういう仕組みを作り活用するようになったのは、もちろん欧米からだ。欧米の銀行業界はこのビジネスを積極化させ、莫大な利益を得ていた。わが国の金融業界は出遅れて後塵を拝してきた。ところが、リーマン・ショックにより、わが国金融業界には大きなチャンスが巡ってきた。痛手を負った欧米の主要銀行は、事業縮小のため航空機ファイナンス事業の売却を迫られたのだ。これに手を挙げたのが、わが国のメガバンクとそのグループ会社だ。

二〇一二年に三井住友フィナンシャルグループが住友商事と共同でイギリス

のロイヤル・バンク・オブ・スコットランドから航空機リース部門を約五五〇〇億円で買収。二〇一九年には三菱ＵＦＪフィナンシャル・グループが、ドイツのＤＺバンクグループから航空機ファイナンス事業を七一二二億円で買い取った。この他にも、みずほグループの関連リース会社である東京センチュリーが総額三八七〇億円を投じてアメリカの航空機リース会社を完全子会社化した他、みずほリースも丸紅と共同で世界規模で航空機リース事業を営む米エアキャッスル社の全株式を取得（二〇二〇年三月二七日付）した。

最後の案件の日付を、今一度見てほしい。二〇二〇年三月二七日付である。まさに、新型コロナウイルスのパンデミックに火が点き、世界中の航空会社が阿鼻叫喚の地獄に足を踏み入れようとしていたそのタイミングで、航空機リース事業に踏み込んで行ったのである。長い事前交渉期間があったことはわかるが、結果的には絵に描いたような最悪のタイミングになってしまったと言わざるを得ない。

今後、どうなるのか？　航空会社の台所は、文字通り火の車だ。まともにお金が払えるわけがない。金融関係者は、「最悪の場合、債権放棄を迫られることになりかねない」と懸念する。そうなれば、先に挙げた主要邦銀グループは大幅な減損処理に追い込まれることになる。

知られざる金融界の爆弾、「航空機リース事業」。この爆弾がメガバンクにどれくらいの影響をおよぼすのか、予断を許さない。

本章で見てきたように、新型コロナウイルスの負の影響は、旅行業や飲食業ばかりでなく、すでに金融業界にもおよんでいるのだ。それも、地銀・信金ばかりではない。メガバンクもその例に漏れない。わが国を含め各国政府は、金融に混乱がおよばないようあらゆる手を打ってきているが、逆に「そんなことまでやっていいの⁉」と驚くような政策にまで踏み込んでしまっているのだ。

そんなムチャをやったツケは、必ず回ってくる。どういう形になるかはわからないが、金融の世界にもトンデモナイ事態が発生することは避けられないであろう。

第三章

このままでは国も破産する

——二〇二五年以降、ハイパーインフレ、銀行封鎖、財産税

日本と一緒に世界が破綻する

「世界的なパニックが生じたら、国を頼ればよい。きっと、国がなんとかしてくれるはずだから」――金融の世界において、この一種のモラルハザードと言える風潮が世界中で強まったのは、間違いなく二〇〇八年の金融危機からであろう。

二〇〇八年九月一五日、米大手投資銀行であるリーマンブラザーズの破綻から金融危機に突入した。予兆としては、すでに二〇〇七年夏に仏大手銀行のBNPパリバがサブプライムローン関連で大きな損失を出していたのだが、後に「リーマン・ショック」と呼ばれる株の大暴落が本格的に始まったのは、この二〇〇八年九月一五日であった。米大手投資銀行の破綻劇は市場に大きなインパクトを与えた。ニューヨークダウは、一日でマイナス五〇四・四八米ドル、前日比マイナス四・四二%と大きく下げた。

その後半月の間、ニューヨークダウの動きは行ったりきたりの緩慢な動きが続いている。市場は、この時不思議な心理状態にあった。米大手投資銀行のリーマンブラザーズが破綻したわけで、金融界の格言ともいうべき「Too Big To Fail」（大き過ぎて潰せない）が破られた格好になり、そのインパクトは確かにあった。

しかし、そうはいっても最終的には国がなんとかするだろうと、市場は高を括っていた向きがある。その心理状態が、上下どっち付かずの動きのない相場を形成していたのである。

それが突然動いたのは、二〇〇八年九月二九日のことだった。米下院が市場予想を裏切って、金融機関が抱える不良債権問題への公的資金投入を軸とする金融安定化法案を否決したのである。米議会は、それまでイケイケドンドンでやってきた金融機関に手を差し伸べるのを躊躇したのだ。

これによって、市場は一気に大パニックに陥った。国が救済してくれないというショックは大きく、株価は九月一五日よりひどい下げ幅を記録する。一日でマイナス七七七・六八ドル、前日比マイナス六・九八％もの下落となり、この日ニューヨークダウは史上最大の下げ幅を記録したのである。慌てた米議会は一転、決断を撤回し一〇月三日に手を差し伸べることを決めた。

この一〇月三日に米議会が緊急経済安定化法を成立させたことは、大恐慌への入り口に差しかかっていた世界を救うためには必須のことだったであろう。しかし、この行為こそがその後のモラルハザードを決定付ける行為であった。一時的に出し渋りはしたものの、やはり最終的にはいざとなれば国が救済に動いたのである。七四兆円もの巨額の公的資金が、市場に投入される決断がされたのである。

ところが危機対応が後手に回った結果か、これで株価は下げ止まらなかった。そこから市場は、まるで液状化した底なし沼のような状態になり、疑心暗鬼に包まれたまま株価は下げ続けたのである。二〇〇八年一一月二〇日には七五五二・二九ドルを付け、リーマン・ショック前の水準の三分の二になった状態で一旦反転するも、年が明けて二〇〇九年になると再度下げ始めた。

結局、底を付けたのはそこから二ヵ月経った三月九日のことで、ニューヨークダウは六五四七・〇五ドルと二〇〇八年九月から見て六〇％弱までになった。

リーマン・ショックの影響は、特に欧米経済に深い爪痕を残した。アメリカではその対応として二〇〇八年一〇月から市場に資金供給を行なったわけだが、その措置は二〇一〇年六月まで続いている。量的緩和政策、いわゆる「ＱＥ」である。その間、国債やＭＢＳ（資産担保証券）の買い取りをメインに一兆七二五〇億ドルの巨額の資金が投入された。

しかしそれでもまだ足らず、先に行なった第一弾「ＱＥ１」に続き第二弾の「ＱＥ２」が二〇一〇年一一月から一一年六月の期間で行なわれ、今度は国債の買い取りで六〇〇〇億ドルの規模であった。「ＱＥ１」「ＱＥ２」の二回で二兆三二五〇億ドルもの資金が投入されたことになる。

しかし、それでもまだ市場は資金が足りないと追加供給を欲した。そして、第三弾「ＱＥ３」が行なわれたのである。「ＱＥ３」は、国債とＭＢＳを毎月定額の買い取りを行ない、それが段階的に緩和逓減《ていげん》されながら二〇一二年九月から二〇一四年一〇月までと二年二ヵ月続いている。その間に供給された資金は、一兆八一〇〇億ドルに上った。「QE1」と「QE2」、「QE3」の三回で合計四兆一三五〇億ドルが市場に供給されたわけで、完全にバラ撒きである。

バラ撒きを行なったのは、アメリカだけではない。二〇〇八年の金融危機によってアメリカと同様に大きな痛手を受けた欧州では、その余波としてギリシャ・ショックやイタリア債務危機など、複数の国単位の危機が訪れ、経済は混乱した。そのため欧州は二〇一五年一月よりアメリカの「QE」と同様の処置をとることを本格的に決めた。

欧州では実際にはECB（欧州中央銀行）が動いたわけだが、「QE」ではなく「APP」（資産買い取りプログラム）と呼ばれている。また、日本も二〇〇八年一二月以降、二〇〇六年三月に一旦ストップしていた国債などの資産購入を再開していたが、二〇一三年四月以降はアベノミクスによる「黒田バズーカ」と呼ばれる大量の資金供給が行なわれた。

つまり、二〇〇八年の金融危機以降、主要な先進国が揃って市場に大量の資

米QE（量的緩和）の規模

QE 1

■期間	2008年10月～2010年6月
■買取り資産	国債　MBS
■規模	1兆7250億ドル

QE 2

■期間	2010年11月～2011年6月
■買取り資産	国債
■規模	6000億ドル

QE 3

■期間	2012年9月～2014年10月
■買取り資産	国債　MBS
■規模	1兆8100億ドル

合計	4兆1350億ドル

金供給を、長期にわたって行ない続けたのである。その甲斐もあり、ようやく市場が正常化し始め、欧米が資金供給を終了し始めた。

だがその矢先、今回のコロナショックが発生したのである。

現状では、今回のショックは金融不安につながっていない。しかし、すでに各国は二〇〇八年の金融不安の時を上回る規模の資金供給を行ない始めている。それもそのはずで、二〇〇八年の金融危機では、あのままほったらかしにしておいたら世界大恐慌に繋がってしまったかもしれないという危惧があったわけだが、今回のコロナショックではすでに大恐慌並みの経済指標が予想されているのである。

アメリカの数字を確認すると、すでに四人に一人が失業手当を申請するなど、漠然とした危惧だけではなくまさに大恐慌に片足を突っ込んだ状態なのである。だから、各国は何の躊躇もなく莫大な資金供給を始めたのだ。

このように、特に二〇〇八年以降は危機が起きると、すべてのツケが国に飛ばされてきた。今回のコロナショックでも、同じように処理されようとしている。そして、溜まりに溜まったツケがそろそろ限界を迎えようとしている。二〇〇八年の後処理で異次元と呼ぶべき資金を使ったことで、各国は巨額の債務を抱えている。その状態でさらに大規模な追加対応を迫られており、それをそのまま実行しようとしているのである。

今回の新型コロナウイルスにより、多くの国は非常事態宣言を出し、状況を〝戦時下〟とたとえた。まさに言い得て妙であるが、今回の戦時体制において見事ウイルスに対して勝利を収めても、賠償金を得られる対象は存在しない。だから、そのツケの後始末を各国が自分自身で付ける必要がある。

結果、もともと国の借金が多かった日本に限らず、世界中で国の財政が行き詰まる可能性があるのだ。

すでに世界は、恐慌に陥りつつある。そして、今回はさらにその先の段階まで起こり得る。地獄の蓋はすでに開いており、後はいつそこから阿鼻叫喚があふれ出るのかという状態なのである。つまり、今後起きるべき最悪の事態は「世界規模での国の大量破産」なのである。

飛ばしたツケはブーメランのように戻る

個人の借金には限界がある。自分の身の丈をはるかに超える借金は、そもそもできない。返済できなくなるため、貸してくれる人がいなくなるからだ。しかし、それが国になると無制限に借金ができると勘違いしてしまう人がいる。

私は、長年にわたって常日頃から日本の国家破産の危険性を指摘してきた。GDP対比で二〇〇%を超える、言い換えると頭のおかしいレベルの天文学的な数字の借金をしているのだから、それを危惧するのは当たり前のことである。しかし、そのような事態をまったく警戒することなく日常生活を送る人のなんと多いことか。それどころか、「そんなことになるはずがない」と反論する人まで存在する。反論する人の中には「日本国の借金は、外国からではなく国民からしているので何ら問題はない」とむしろ借金容認の発言をする人までいる。もちろんそんなはずはなく、誰から借りても借金は借金である。国内からの借金であろうが、海外からの借金であろうが、返済（利払い含む）に行き詰まれば問題は同じように出てくるのである。

これについて『国家は破綻する　金融危機の８００年』の著者、カーメン・M・ラインハート氏とケネス・S・ロゴフ氏は、その著書の中で次のように語っている。

国内債務のデフォルトは対外債務に比べれば稀だと考えられており、経済書などには、政府は国債を額面通り必ず償還してきたようなことが書かれている。しかし実際には、そう断言するのはいかがかと思われるほどデフォルトが発生していた。国内債務が公然とデフォルトされるときは、対外債務だけをデフォルトする場合に比べ、生産高の急激な落ち込みやインフレの加速など、経済事情がきわめて悪化しているケースが多い。（『国家は破綻する　金融危機の８００年』カーメン・M・ラインハート　ケネス・S・ロゴフ著　日経BP社刊）

つまり、国内から借金をしたケース（国内債務）でも決して少なくない数のデフォルトが起きており、むしろ外国から借金をするケース（対外債務）によるデフォルトよりも事態は悪化しているというのだ。では、なぜ世間一般では知られていないのか。その疑問に対して両氏は〝一般に国内債務危機は外国人債権者が絡まないため、主要業界誌や金融専門誌で報道されない〟と一つの解を見出している。これは、国内から借金してデフォルトしても、他国には関係ないから他国では報道されないということで、おそらくその通りなのだろう。

「国は無限に借金ができる」という論法は、国民にとっては実に甘美な誘惑である。国が無尽蔵に借金をして市場にお金をバラ撒けば、株価などの相場は上昇し、投資家は大いなる恩恵を受ける。金融機関に限らず、企業の破綻はほとんどなくなる。一見すると良いこと尽くめのようで、だからすべてのツケを国に飛ばし、どんどん借金をさせようとする輩が出てくる。

最近では、〝MMT理論〟（現代貨幣理論）なるおかしな理論まで登場し始めた。MMT理論では、自国通貨建ての借金はいくらしても財政破綻は起こらないとしている。そして、インフレは十分コントロールできるので、もっと借金をして財政出動をすべきであるという考えを披露する。夢のような理論であるが、当然そんなはずはない。自国通貨建ての借金がいくらでもできるのであれば、それで国のすべての歳出を賄えばよいのである。

極論を言ってしまえば、消費税や固定資産税、所得税も不要になる「無税国家」の誕生である。国民誰も働く必要すらない。国が大量に借金をしてそれを国民に手厚いベーシックインカムということで、給与替わりにバラ撒いたらよいのだ。ここまで極論をお話すると、このＭＭＴ理論がいかにおかしな、危険な思想であるかがわかるだろう。

では、本当に日本国はどこまで借金できるのだろうか。実は、それは後になってからしかわからない。インフレが起き始めて、初めてそこが限界点だったことがわかるのだ。しかし、そうなってからでは手遅れだ。〝ＭＭＴ理論〟で言われるインフレのコントロールなどできるはずがない。金利が上昇し、国債が暴落している中で、紙幣の価値を維持することなどできない。むしろ一旦始まってしまえば、どんどんインフレが進み、通貨が紙キレ化して行くだろう。

実は、国内債務の場合は、火が点くのが遅いだけで一旦火が点くと対外債務よりも厄介なのである。現状では、今回のコロナショックのツケをすべて国に飛ばした。そして、ますます悪化して行く企業などのために、国はどんどん追加支援を行ない、借金を増やしている。非常事態だから仕方がないことかもしれない。しかし、その後のことも真剣に考えておく必要がある。金融の世界の格言「ノーフリーランチ」に表される通り、タダ飯はないのだ。すべてのツケは、いずれブーメランのように戻ってくるのだ。

その時は、今回のコロナショックにより生じたツケだけではなく、これまで溜まりに溜まったすべてのツケを一斉に払わされるのである。

歴史は繰り返す

国家の破綻というのは、決して珍しいものではない。昨今では、人生一〇〇年時代とよく言われるが、歴史を振り返ってみると、二〇二〇年から遡って一〇〇年の間には第二次世界大戦が含まれ、戦後の一九四六年に日本は国家破産を経験している。そして、その前の一〇〇年を見ると、今度は一八六七年～一八六八年の大政奉還、明治維新を経験している。

明治維新と言うと聞こえはよいが、これは後になって勝者側である薩摩藩と長州藩が自分たちを正当化するために使った言葉だ。江戸から明治になる際、社会の仕組みが激変したわけだが、その様子を明治時代の小説家である夏目漱石は『坊ちゃん』の中で〝瓦解〟と表現した。他の文筆家も同じ表現を使っており、当時の状況は維新という華やかな期待にあふれたものとはかけ離れた、すべての体制の基礎であった江戸幕府の瓦解、国の破産だったのである。

このようにして見ると、人生一〇〇年時代の中で、国の破産を一度は経験するとしても決して珍しいことではない。それどころか、過去には江戸幕府の瓦解と戦後の国家破産の両方を経験した人がいたくらいだから、一九四六年の戦後の国家破産を経験した人がこれから再び人生で二度目の国家破産を経験したとしても、何らおかしくないのである。

「そんな昔の話を持ち出してきて、今は時代が違うでしょ」と思われた方がいるかもしれない。しかし、それは日本で起きていないというだけで、世界を見渡すと今なお、破綻している国がある。実は、二〇二〇年はデフォルト国、つまり破綻する国が過去最多になる可能性が高い。

イギリスの格付け会社フィッチ・レーティングスは二〇二〇年五月一二日、新型コロナウイルス感染拡大並びに原油価格の崩壊の影響により二〇二〇年にデフォルトする国が過去最高になることを警告している。すでに、アルゼンチン、エクアドル、レバノンの三ヵ国は債務不履行の破綻状態で、この時点で二〇一七年に並ぶ過去最多タイを記録している。それに加えて、二〇二〇年一月から四月にかけて格下げされた国は二九ヵ国と過去最多に達しているという。

今後の破綻候補の国として、ガボン、モザンビーク、コンゴ共和国、スリナム、ザンビア、エルサルバドル、イラク、スリランカが挙げられている。お気付きの通り、危機に陥っているほとんどの国が新興国である。新興国はもともと脆弱な財政であり、今回のコロナショックにより、どの新興国も大なり小なり経済にダメージを受けた。そのため、今後ますますその数は増えるだろう。

ここで、すでに破綻状態に陥っているアルゼンチン、エクアドル、レバノンの状況を個別に少し見ておこう。まず取り上げるのはアルゼンチンである。アルゼンチンは国家破産の常連国である。二〇二〇年五月二二日に国債利払いに応じなかったことで、二〇一四年以来、過去九度目のデフォルトになった。そしてこの六〇年の中で、ＩＭＦの救済をなんと二〇回も受けている。デフォルトも九回目になると堂に入ったもので、今回は支払い能力があるにも関わらず交渉の末、居直って払わない決定がされたということで「テクニカルデフォルト」と位置づけられ、市場への影響は限定的ととらえられた。

しかし、国民の生活が慢性的に苦しいのは疑いもなく、二〇一九年のインフレ率は五四・九％にものぼっている。二〇二〇年は当初、財政健全化によるインフレ率の低下が予想されていたが、今回の新型コロナウイルスのダメージから一気に悪化した。

ところで、このアルゼンチンは二〇一七年に満期が一〇〇年という国債を発行して話題になった。当時は、財政健全化の期待と新興国債が持つ独特の高利回りの魅力から投資家が殺到したが、今は見る影もなく二〇二〇年五月末で額面一〇〇ドルに対して価格は約三分の一で三五ドルほどになっている。

後から振り返ってみると、こんな債券がなぜ人気になり売れたのかと不思議になるが、人は問題が起きて初めてそれに気付くのである。今、大量に発行されても値が崩れない日本国債も、「なんであんなものを買ったのか」と後から言い出す人が出るかもしれない。

次にエクアドルを見よう。エクアドルは、アルゼンチンと同じ南米の国で赤道直下に位置する。財政を石油に依存しており、今回の原油安が財政を直撃した。そのため三月にＩＭＦに支援を要請し、四月から八月まで国債の利払いを止めると表明している。ＩＭＦが四月一四日に発表したエクアドルの二〇二〇年の経済成長率見通しは、マイナス六・三％となった。今回の新型コロナウイルスにより発生した大量の遺体処理ができない状態になるなど、社会経済の混乱が続いている。

三ヵ国目のレバノンは、元日産会長のカルロス・ゴーン氏の逃亡先として一躍有名になったが、今年は過去初めてのデフォルトで話題を呼んでいる。レバノンは中東の小国で、長期にわたって慢性的な赤字財政であったが、二〇一一年以降、隣国のシリアでの内戦や原油安によっていよいよ経済が行き詰まった。

三月に利払いの延期を申し出てデフォルトになったわけだが、その前から国民生活は疲弊しきっている。ドルに対して固定しているはずの通貨は、前年二〇一九年九月以降、ヤミ市場のレートで約半分になった。銀行は、引き出し制限をかけていた。そして、今回のデフォルトによって完全にタガが外れる格好となった。通貨の価値はさらに暴落し、食料品などの値段が高騰、大量解雇や企業倒産などが相次ぎ、昨年一〇月半ばから行なわれた国民の大規模デモが激化し始めているのだ。中央銀行に火炎瓶が投げ込まれたり、銀行が投石されたり、レバノンは経済危機真っ只中なのである。

このように、経済危機がすでに生じている国もあるが、世界を俯瞰してみるとまだまだこれからが本番であろう。今にも着火しそうな新興国がいくつもあり、世界経済はさらに今後悪化するわけで、破綻懸念先の数はますます増える。

そして、事態は新興国に限らない。先進国の中にもイタリアやスペインのように、もともと財政に苦しんでいた国で、今回の新型コロナウイルスにより大きなダメージを受けた国がある。しかも、これら地中海の国々は観光産業がGDPに占める割合が高いにも関わらず、しばらくは旅行の需要はまったく期待できないため、先進国とはいえ安心はできない。

新興国や先進国の一部が財政危機に陥れば、まだ体力に余裕がありそうな主要先進国に飛び火する可能性も十分ある。なぜなら、それらの国々の債券を抱えているのは、主要先進国なのだ。たとえば、イタリア国債を抱えているのはドイツをはじめとした他の国の銀行だったりする。では、飛び火するとどうなるのか。国同士のいざこざは、行き着くところの最終局面は「戦争」である。世界恐慌経由の第三次世界大戦、そこまで歴史を繰り返すとは考えたくないが、いろいろなシミュレーションを行なっておいた方がよい。さすがに実際のミサイルを飛ばすのではなく、ハッカーなどが暗躍するサイバー戦争が発生したりするかもしれない。

今回の新型コロナウイルスの世界規模での感染拡大やそれによる世界大不況への突入も、起こる前までは誰もがまさかと考えるような出来事だったはずだ。やはり、歴史は繰り返すのである。

国家破産は恐慌の一〇倍ひどい

これから日本が進むのは、「恐慌経由、国家破産」である。恐慌も国家破産もどちらも経済的な大混乱で、似たようなものを想像するかもしれないが、まったく別物なので注意してほしい。そして恐慌と国家破産では、その経済的被害は国家破産の方がはるかにひどく、少なくとも一〇倍はひどいと考えておいた方がよいだろう。

なぜ、国家破産の方がそれほどまでにひどいのか。これは考えてみると当然だが、恐慌でもかなりのことが起こるが、それでも最後の最後には国という頼るべき存在がある。ところが、国家破産になると国は助けてくれる存在どころか逆に国民生活に襲いかかってくる存在になるのだ。

失業率の増加や企業倒産、企業や個人の信用失墜、治安の悪化や暴動など、恐慌も国家破産も周りを取り囲む環境は最悪である。そんなひどい状況の中で国家破産になると、これまで強力な味方だった国という存在が今度は強力な敵に変わるのである。すでに四面楚歌の状態だったところに上からこれまで以上に強力な敵が降ってくるようなもので、考えただけでも恐ろしいことである。

今回の新型コロナウイルスの感染拡大防止のため、「非常事態宣言」を出して外出を禁止した国が多く見られた。日本も他の国に比べると強制力は弱かったが緊急事態宣言が出された。お店などに対しては、その前から自粛要請を行なっていたが宣言により一層強化された。普段は、人であふれかえる渋谷のスクランブル交差点や銀座の中央通り、夜の新宿歌舞伎町から人が一斉に消えた。例年、桜の季節は花見で賑わう上野公園も通行止めの処置が取られた。小中学校をはじめとした学校はすでに三月上旬から中旬にかけて順次休校処置が取られ、それが解除されたのは五月中旬以降に入ってからである。賛否両論あるだろうが国民から徴収した税金を使って、国民一世帯に付きマスク二枚を配ったり、特別給付金で国民一人に付き一〇万円を提供したりもした。

このように見ると、国がいかに強力な力を持っているかがわかる。それと同時に、今回のことでいざとなったら国は相当なコトをやる（できる）ということがご理解いただけたのではないか。

そんな国が、敵として襲いかかってくるのだから質が悪い。味方は誰一人おらず、誰も助けてくれない。他の国は当然助けてくれるはずがない。中国や韓国はもちろんだが、同盟国のアメリカですら助けてはくれない。国家間には「内政不干渉の原則」が存在する。それは、国際法に反しない限り国家は一定の事項について自由に処理することができる権利を持ち、他国はその事項に関して干渉してはならない義務があるというものだ。そもそもそんな原理原則論を持ち出さなくても、日本国が自国の国民に対して借金の踏み倒しを行なおうとしたとしても、他国から見れば関係ない話なのである。繰り返しになるが、国内債務のデフォルトは、外国人債権者が絡まないため海外ではそれほど話題にならないのである。

具体的に国家破産では何が起きるのか

国はいざとなればなんでもやる。それを経済学者の小黒一正法政大学教授は、〝国は暴力装置になる〟と表現した。おどろおどろしい表現だが、そこで恐怖による思考停止を起こしてはいけない。具体的に、どのようなことが起きるのかを知らなければ対処はできないのである。

まず、国家破産とは国の信用が大きく毀損することだ。そして、国の信用失墜と一緒に起きることは、その国の通貨の信用の失墜、つまりハイパーインフレである。国家破産の定義は様々なものがあるが、大まかにはハイパーインフレが起きていれば、それがすなわち国家破産と考えてもらえばよい。国家破産が起きてもハイパーインフレにならなかった国を、私は見たことがない。

ここで、気を付けないといけないことは、日本が陥る状況は「恐慌経由、国家破産」である点だ。これがクセ者で、恐慌と国家破産では自国の通貨の価値が真逆になるので注意が必要だ。恐慌時は物が売れなくなり、物の価値が低くなると同時にお金の価値が高まる。国家破産時は逆で、通貨の価値がなくなりそれによって物の価値が際限なく上昇する。つまり「恐慌時はデフレ」で、「国家破産時はインフレ」なのだ。

これを踏まえて対策を打つべきで、日本が今どの時期なのかを見極めないといけない。あくまで目安であるが、二〇二〇年から二〇二二年、あるいは長ければ二〇二三年まではデフレの時期である。そして、その後二〇二五年くらいから巨大なインフレ、そして国家破産がやってくるだろう。

もし、想定する時間軸の通りに動かなかったとしても、デフレからインフレという大きなトレンド転換があるということを頭に叩き込んでおいてほしい。

「ハイパーインフレ」を筆頭に、国家破産で起きる四大事項がある。その残り三つは「金融封鎖（預金封鎖）」「財産の没収」「大増税」である。

金融封鎖とは、経済の混乱を食い止め国家の財政を再建する名目で行なわれる資産の移動制限のことだ。預金封鎖や銀行の閉鎖、引き出し制限、海外送金禁止といった制限が課せられる。預金封鎖や引き出し制限は銀行が取り付け騒ぎに発展した際、一時的な混乱を抑える目的でされることもある。

ただ、国家破産の時の預金封鎖はそれだけではすまない。その先に、財産の没収を見据えて行なわれることがほとんどなのである。戦後、一九四六年二月に行なわれた預金封鎖も、その後「財産税」がかけられている。

財産の没収は、何も預金だけではない。これも一九四六年の戦後の例だが、保有している資産を自己申告制で提出させた。その項目が預貯金の他、公債や社債、株式、投資信託、生命保険、手形などと多岐にわたっている。他にも、現物の金《きん》（ゴールド）や貸金庫の中身といった資産にも注意した方がよい。

金《きん》は大恐慌時代のアメリカで没収の憂き目に遭っている。世界恐慌直後に大統領令が下され、個人での金《きん》の保有が禁止された。持っていた金《きん》は、国が安い

日本の将来（目安）

2020年から2022年
あるいは長ければ
2023年まで

恐慌でデフレ

2025年ぐらいから

国家破産で
巨大なインフレ

レートで買い上げた後、時の大統領F・ルーズベルトが価格を強制的につり上げて行き、一〇ヵ月足らずで約一・七倍にまでなったのである。

また、ロシアでは一九九八年の国家破産時に国が勝手に個人の貸金庫を開けて財産を没収したという話もある。〝まさか〟という出来事だが、こうした可能性も十分あることには留意すべきだろう。貸金庫の没収については、ロシア以外のアルゼンチン、ジンバブエ、トルコなど他の破綻した国からは話が聞こえてこない。ただ二〇一九年六月、イタリアが貸金庫に保管されている現金などの資産に課税するかもしれないという話が急浮上した。今のところ実際には行なわれていないが、イタリアの副首相であるサルビーニ氏が当時のテレビ番組で貸金庫にある資産を〝実質的に隠し資金〟と語り、その点を触れているのである。貸金庫の中身の没収も、ないとは言い切れない。

財産の没収は、ある意味「国の暴挙」と言ってよい。財産権の保障については、日本では憲法の第二九条第一項に「財産権は、これを侵してはならない」と明記されている。そのような憲法がある中で財産の没収ができるのかと言え

国家破産で起きる四大事項

ハイパーインフレ

金融封鎖

財産の没収

大増税

ば、平時では到底考えられない。ところが、有事になるとおかしな法律ができたりする。戦後の財産税法がまさにそれである。

ただ、それでも国は国民が持っている財産をそのまますべて没収するという形をとったわけではない。〝きちんと〟というとおかしな話だが、形式を整えた上で財産の没収を行なっているのだ。その形式とは、税金である。

国民が財産権を持つのと同様に、国は徴税権を持っている。その徴税という名目で、国民から資産を巻き上げるのである。その意味では、財産の没収は広義では大増税と言えるかもしれない。

大増税には二通りの方法がある。一つは、「これまでの税率を高くする方法」で、これはわかりやすい。たとえば消費税の税率を高くしたり、所得における累進課税の税率を高くしたりするわけだ。そしてもう一つ、実はこちらの方が厄介だが、それは「新しい税金を作り出す方法」である。

実は、戦後にこの新しい税金を作り出し、なんとその部分の借金をすべて踏み倒した例がある。「戦時補償特別税」だ。この税は、主に企業が対象になった。

当時、軍需を賄っていた企業は、国に対して莫大な額の戦時請求権を持っていた。その戦時請求権に対して、一〇〇％の課税を行なったのが戦時補償特別税なのである。国が補償した売掛金に対して、その債権者にその額分の税金をかけて売掛金を実質なくしてしまったわけだ。財産をそのままますべて没収することと、何ら変わらない行為である。

新しく作り出された税金は、戦時補償特別税のようにその時一回限りのものもあれば、その後ずっと恒久的にとるようになったものもある。今は当たり前となった「相続税」がそれだ。相続税は一九〇五年（明治三八年）一月一日に公布、同年四月一日に施行されて以降、現在まで続いている。相続税ができた背景は、日露戦争の戦費調達であった。

平時ではなく、「非常時」という言葉が持つ意味は大きい。今回の新型コロナウイルスによる体制を各国メディアは「戦時体制」と伝えているが、そのような非常時だから、国は無尽蔵に資金を提供している。そして、戦時下だから不要不急の外出禁止という措置をとる。

今は外出制限もほぼ解除され、国がバラ撒きをしている心地よい状態かもしれないが、それを歓迎し、油断しきっていると、次の大きな波で壊滅的なダメージを受けるだろう。

戦争の後始末という形で、その波は二〇二五年頃からやってくる。つまりは、「国家破産」という形で国が牙をむいてやってくる時期はそう遠くないのだ。そして、その到来は今回のことでむしろ早まったのである。

第四章　サバイバルの基本

コロナ大不況がもたらす恐慌、そして国家破産

誰も予想していなかったコロナ大不況により、世界はあっと言う間に歴史的な危機に突入してしまった。新型コロナウイルスのパンデミックにより、世界中の経済活動に急ブレーキがかかり、思いがけない形で世界恐慌の再来が確実となった。世界経済が受けるダメージを少しでも軽減するため、各国は金融政策と財政政策を通じてすさまじい規模の公的資金を注ぎ込んでいる。世界はこれまでも経済危機に対して、公的資金の注入を行なうことでいく度となく危機を乗り切ってきた。

しかし、勘違いしてはならないのは、「一〇〇年に一度の危機」と言われたあのリーマン・ショックを上回り、一九二九年の世界恐慌以外に史上類を見ないほどの規模である今回の危機は、公的資金を用いればそれですべてが解決するというような生やさしいものではないということだ。

仮に、公的資金の注入で世界恐慌の影響を緩和することができたとしても、世界的不況はもはや避けられない。にわかには信じがたいほどに悪化した景気指数や企業業績が、連日のように発表されていることからもそれはわかる。しかも、まだ危機は始まったばかりであり、その影響はこれから本格的に実体経済に襲いかかるのだ。

グローバル化とＩＴ化の進展により、世界経済は地球全体で一つの経済圏を形成するに至った。そのため、今回の新型コロナウイルスにおける中国の都市封鎖の影響を見てもわかるが、一つの国がつまずくと世界のあらゆる市場や企業にその影響が連鎖してしまう。国家にしろ、企業にしろ、その国の中だけで経済が完結する時代ではなくなっている。中国の都市封鎖だけでも、世界のサプライチェーンなどに大変な混乱をもたらしたが、その後の世界的な感染の広がりにより、多くの経済活動が極端に縮小あるいは完全に停止され、世界経済は麻痺状態に陥った。

今後、日本の輸出は決定的というよりも致命的なダメージを受けるだろう。

多くの輸出企業がすでに大幅減益や赤字決算を発表しているが、製品が売れなくなれば減産とリストラ以外に手の打ちようがない。しかし、減産もリストラも経済全体に強烈な悪循環を引き起こす。

日本の内需については、少子高齢化によりもともと先行きが暗かったのだが、アメリカを中心に好調な世界経済のお陰で輸出が伸びたことと、中国人観光客を中心にインバウンド需要が爆発的に伸びたことでなんとか回っていた。わが国の内需を支えてきた「輸出」と「インバウンド」という両輪も、ほぼ失われた。すでに危機的な状態にある中小零細企業も少なくない。

中でも、日本の技術力を支えてきた技術系の中小零細企業が倒れることによる技術力の低下は、確実にわが国の将来を危うくする。宿泊業や旅行業、飲食業などは外出自粛で壊滅的な打撃を受けている。全国展開するファミレスや居酒屋の代名詞的な巨大チェーン、日本を代表する大手旅行会社でさえ消滅してしまうかもしれない。

不況のしわ寄せが真っ先にくる中小零細企業が厳しいのは言うまでもないが、

今回は大企業も厳しい状況下に置かれる。コロナショックにより、それまで上向きであった世界経済のトレンドは、ほとんど瞬間的に下向きへと変わった。そのトレンドの変化に対応できなければ、会社はあっと言う間に潰れてしまう。身動きの遅い大企業は、一瞬にして恐慌の大津波に呑まれてしまう可能性があるのだ。

そして、恐慌（デフレ）に続き、私たち日本人をさらなる苦難が待ち受ける。それこそ国家破産（インフレ）だ。日本はすでに破滅的な財政状況にあるのにも関わらず、コロナ恐慌によりさらなる巨額財政支援（バラ撒き）を強いられている。歳出が膨らむ一方で、歳入すなわち税収は大幅な減少が避けられない。何しろここ数年、わが国経済を支えてきた外需とインバウンドについては、数年間は回復を期待できないからだ。

日本の財政は、もはやどうにもならないところまできてしまった。世界経済がコロナ恐慌から立ち直り再び成長軌道に乗る頃には、日本はすさまじいスタグフレーションに襲われることになるだろう。「量的緩和」という名の日銀による事実上の国債引き受けにより金利は低水準を維持するだろうが、各国との金利差が開くことにより次第に国債の売れ行きが鈍り、苦渋の利上げに踏み切らざるを得なくなる。インフレ圧力を抑えることと国債を売ること、その両方のために今度は逆に金利を高い水準に維持せざるを得なくなるだろう。

しかし、金利上昇はわが国の財政にとどめを刺す。やがて、国債償還に伴う利払いが限界に達する。日本の信用は崩壊し、円は暴落、爆発的なハイパーインフレを引き起こす。

その瞬間から、ほとんどの日本人は誰もが想像できない地獄を味わうことになる。食糧やエネルギーの自給率が低い日本では、通貨の暴落により食品をはじめ様々な商品の価格が天井知らずの上昇を続けるだろう。今回のコロナ恐慌の先には、日本の国家破産というより大きなリスクが待ち受けているのだ。

私たちが直面する二つのリスク——恐慌と国家破産をいかにして生き残るか？　そのサバイバルの方法を本章と次章で詳しく解説したい。

私たちは「恐慌多発時代」に突入したのか？

歴史的には、恐慌は決して珍しい現象ではない。恐慌と言えば、一九三〇年代の世界恐慌が有名だが、これ以外にも世界はたびたび恐慌に見舞われている。アメリカでは、これまでに五回も恐慌に襲われている。

ただし世界恐慌後、二〇世紀後半には恐慌と呼ぶべき大不況はあまり見られなくなった。やがて、適切な金融政策と財政政策により深刻な恐慌は回避できる、という考えが「常識」になった。

ところがこの「常識」は、一世紀も待たずに覆されることになる。二〇〇八年のリーマン・ショック後の世界規模の大不況は、まさに恐慌と呼ぶに相応しいものであった。災害よろしく「恐慌は忘れた頃にやってくる」というフレーズがしっくりくるようなリーマン・ショックであったが、今度は「恐慌の記憶も冷めやらぬ」二〇二〇年、コロナショックが起きた。

もはや、恐慌は遠い歴史のかなたのものではない。私たちは「恐慌多発時代」に突入したのではないかとさえ思える。

いずれにしても、恐慌という嵐はすぐに過ぎ去るようなものではない。資本主義の歴史を眺めてみると、歴史上のどんな大不況でもその期間が七年以下ということはなかった。例外が前回（二〇〇八～〇九年）の恐慌だ。

当時は不況の深刻化を阻止するため、中国による四兆元の景気対策をはじめ、各国がとにかくバラ撒いた。その甲斐あって、不況の深刻化と長期化を回避できた。ところが、度を超えた金融緩和は世界経済を大いに歪めた。政府も企業も個人も、どんどん負債を増やして行った。異常な金融緩和は世界中を借金漬けにし、景気後退時の緩和余地も奪った。しかも、これだけカンフル剤を投入しても経済成長率が高まらない。だから、政策金利も上げられない。世界経済はこのような悪循環に陥り、基礎体力がどんどん脆弱になって行った。

そこにコロナショックが襲い、世界経済は再び恐慌状態に陥った。

世界は今、アメリカを中心に再び壮大なバラ撒きをもって経済の立て直しを図る。果たして上手く行くのか？　バラ撒きによる「麻薬効果」は前回以上に低下しているはずだ。とにかく、世界経済は脆弱になっている。今回のコロナショックのように、今後も様々なショックでいとも簡単に恐慌状態に陥る可能性はあるだろう。恐慌が頻発する状況も、想定しておいた方がよい。

恐慌前、そしてその後、一体何が起きるのか

九〇年前の世界恐慌を詳細に研究すると、そこにはある基本的なプロセスが存在することがわかる。それこそ、「恐慌のメカニズム」とも呼ぶべきものである。恐慌や不況はいかにして発生するのか。一三二〜一三三ページの図に引用しておくので、サバイバル戦術を考えるための参考にしていただきたい。

恐慌は、経済に壊滅的な打撃を与えるだけではなく、政治構造をも一変させる。現在の国際的な政治の枠組みにも劇的な変化をもたらすだろう。それにより、新しい階級が出現してくる可能性さえある。恐慌がもたらす混沌と混迷、

メカニズム

13	巨大なキャピタル・ロス（値下がりによる損失）が投資家に再起不能の打撃を与える。
14	キャピタル・ゲインから生まれていた追加消費が突如消滅するだけではない。 キャピタル・ロスによるそれ以上の消費の落ち込みが急激に発生する。
15	キャピタル・ゲイン需要を当て込んでいた贅沢品産業が、大きな打撃を受けて投資を削減する。
16	少しタイム・ラグを置いて、一般の消費が減り始める。
17	一般的に縮小再生産が始まり、失業が増大する。 失業によって一般消費がさらに減る。 ここに悪循環が始まる。大不況の発生である。
18	実物経済が縮小する結果、所得が減り、貯蓄が減る。
19	貯蓄の減少は、ストックの世界から価値を流出させて、土地、株式の価値を下げる。
20	土地、株式の価格下落は、銀行の担保価値を下げ、銀行の経営を窮地に追い込む。 かくして大恐慌からあるタイム・ラグを置いて、銀行恐慌、信用恐慌が始まる。

（『大恐慌の謎の経済学』 関岡正弘著　ダイヤモンド社刊を参考に作成）

恐慌の

1	徐々に富が蓄積されて行く。
2	なんらかの景気変動要因が働く。
3	商品価格が上がり始める。
4	生産拡大が始まる。
5	原料輸入の増大、工場・機械の増設など 実物経済の拡大が始まる。
6	その過程で、資金調達のための株式、債券の 新規発行が始まる。
7	耐久消費財ブームが実物経済を成長させる。
8	耐久消費財の普及率が上昇するにつれ、 需要が飽和して行く。
9	好況の末期、回転しなくなった資金が たまって行く。
10	ストック（株、不動産）の世界で投機が始まる。
11	ストックの世界のキャピタル・ゲイン （値上がりによる売却益）が、 実物経済に追加需要をもたらす。
12	ストックの世界の投機は、いずれある時点で 崩壊し、ポイント・オブ・ノー・リカバリー （回復不能点）を超える。

大混乱の時代を経て、私たちはようやく次の時代に足を踏み入れることができるのだ。

恐慌がおよぼす社会的影響

恐慌をわかりやすく一言で表現すれば、資産デフレ（資産価格の下落）ということになるが、恐慌は社会全体に多大な影響をおよぼす。当然ながら恐慌の初期には、特に贅沢品の売り上げが極端に落ち込む。今回のコロナ恐慌においても、贅沢品の落ち込みは深刻だ。アメリカのコンサルティング会社「ベイン・アンド・カンパニー」が発行したレポートによると、二〇二〇年の第１四半期の高級品の売上高は、全体で前年比二五％の減少になったという。仏ケリングや仏ＬＶＭＨモエ・ヘネシー・ルイヴィトンといった高級ブランドについても、二〇二〇年一～三月期は前年同期比で二桁の大幅減収となった。

しかし、意外なことに恐慌の後期には必需品よりも贅沢品の方が売り上げが良いのだ。多くの人は、恐慌のような極度の不景気の時期には、売れるのは必需品のみで贅沢品などさっぱり売れなくなると考えるに違いない。しかし、世界恐慌時のアメリカでは、恐慌後期に贅沢品がよく売れたのだ。

恐慌はデフレであるから、ほとんどの商品やサービスの価格が下がる。大多数の人々は、所得も資産も減るため生活は苦しくなるが、財政基盤のしっかりしている人は物価が下落したためにより多くのものを買えることになったのだ。

こうして一九三〇年代の世界恐慌時には、後半になるに従いより大きな快適性を求める消費者のニーズによって高級品販売がもっとも利益を上げるという、一見すると不可解な現象が生み出された。確かに、購買力の落ち込んだ大多数の人々は手元のお金を生活必需品の購入に充てる。ただ、一般に必需品の販売は利益が薄い。相対的に利幅が大きい高級品の販売を手がける企業が、より大きな利益を上げるようになったのである。

もちろん、贅沢品が売れるようになるのは、あくまでも不況が底を打ち、株式市場が反騰期に入ってからのことではあった。ただし、今回のコロナ恐慌では高級品の販売の回復ペースは速い。たとえば、高級スポーツ車メーカーのフェラーリの二〇二〇年の第1四半期の販売台数は二三七八台と前年同期比で四・九％の増加となった。販売台数の大幅な減少に見舞われた量産車メーカーとは対照的だ。コロナショックにより、三月に暴落した株式市場は四月以降、急回復している。富裕層が保有する株の値上がりによる資産効果が、高額消費を支えていると考えられる。

そもそも何十億円、何百億円（あるいはそれ以上）もの資産を持つ超富裕層は、株の暴落で資産が何割か毀損しても、あえて消費行動を変える必要もない。近年の所得格差の拡大により、恐慌時における高級品販売はかつてのような大きな落ち込みを見せることもなく、また、その回復も早まる傾向は強まっているだろう。

いずれにしても恐慌は、わずかな現金を必需品の購入に充てる大多数の人々と、高級品志向を強める少数派の人々とに消費者を二極分化させる。恐慌は新しい競争を生み、次の時代の新たな消費トレンドを生み出す。独自の商品やサービスを提供できる企業は、恐慌のような厳しい時代にも生き残りやすいということだ。

今回のコロナ恐慌も、社会に大きな変化をもたらした。世界中で外出が厳しく制限されたため、大人は出社できず子供は登校できなくなった。その結果、十分な準備期間もなく、いきなりテレワーク（在宅勤務）、オンライン授業が導入された。もちろん、これらの変化は恐慌の影響というよりも、パンデミックによる影響が大きい。パンデミックが収束すれば基本的に必要はなくなる。

しかし、特にテレワークについては、業種や職種によってはメリットも多く、生産性の向上が期待できるため、継続的に採用する企業も増えている。本格的かつ継続的にテレワークを導入するとなると、パソコンやマウスといった基本的な機器だけでなく、インターネット環境、ＷＥＢカメラやヘッドセットマイクなどの周辺機器が必要になるケースもあろう。一〇〇％テレワークともなれば、業務効率を上げるためにも疲れにくい椅子や机を新調するといったニーズも出てくるに違いない。それらの商品を製造するメーカーや、テレワークの導入を一括で丸ごとサポートするような企業は大きな利益を上げるだろう。

コロナ恐慌により雇用環境が悪化し、副業に取り組む人が増えた。特に、インターネットを通じて企業や個人から単発の仕事を請け負う「ギグワーカー」が急増している。仲介する大手四社主要サイトの二〇二〇年上半期の新規登録者数は一〇〇万人に達する見通しだという。

主な仕事はデータ入力、文章作成、ソフト開発などだ。ウーバーテクノロジーズなどの配車アプリを通じて仕事を請け負うドライバーなども、代表的なギグワーカーだ。テレワークの広がりもあり、収入減を補おうとギグワークに取り組む人が急増している。コロナショック以前はフリーランスの登録者が圧倒的に多かったが、コロナショック以降は副業者の割合が増え、六〜七割以上を副業者が占めるサイトもあるという。より高度な専門スキルが求められる、プログラミングや法務などの仕事を請け負うギグワーカーも増えているという。

このように、コロナ恐慌を機に、信じられないほどの速さで労働者の働き方が劇的に変わりつつあるのだ。

コロナ恐慌の逆風をものともせず、驚異的な業績を上げた企業もある。ファストフードの雄、日本マクドナルドだ。コロナショックは外食産業に壊滅的とも言える大打撃を与えた。緊急事態宣言発令に伴い、多くの飲食店が休業に追い込まれたからだ。それは〝マック〟とて例外ではなく、全国全店舗で終日、店内飲食を中止した。その一方で、テイクアウト、ドライブスルー、デリバリーの営業を継続し、これが「巣ごもり消費」のニーズをがっちりつかんだ。

日本マクドナルドの二〇二〇年一～三月期の売上高は、前年同期比四・九％増と好調であった。さらに驚くのは、緊急事態宣言発令により状況がより深刻化した四月と五月の業績だ。一時は店内飲食がゼロになったにも関わらず、既存店売上高は前年同月比で四月が六・五％増、五月は一五・二％増となった。巣ごもり消費の影響で家族全員分の注文をする客が増えたため、来店客数は減ったものの一人当たりの支払額が増えたのが勝因だ。五月の客数は二〇・七％も減ったが、逆に客単価は四五・三％も増えた。

世帯当たりの所得も、間違いなく低下する。すでに共働き世帯が主流になっているが、いわゆる「パワーカップル」と呼ばれる夫婦共に正社員として働く世帯も増えている。たとえ高年収でなくても、正社員二人分となればそれなりの世帯年収になる。四〇〇〇万円程度の年収でも、二人分なら八〇〇〇万円だ。生活にもそれなりにゆとりが出てくる。

そこで始まるのが、背伸びというか勘違いだ。かつて、「億ション」（一億円超の高級マンション）を買うのは会社経営者や医師、資産家といった富裕層であった。しかし、今や地を這うような低金利を追い風に、ちょっとばかり収入の高いパワーカップルが最大限のローンを組み、「億ション」を購入しているのだ。さらには、背伸びをしてフル装備の高級車を買い、年に一、二回は海外旅行に出かける人も少なくない。高額のローンを組んで住宅を取得した家庭は、破産する可能性が高い。

また、経済の混乱によって治安が悪化し、社会秩序が相当乱れるはずだ。そのため、セキュリティサービスへの需要が高まるだろう。企業や家庭における高度なセキュリティシステムが求められ、「セコム」などの警備会社はさらに業績を伸ばすだろう。

できるだけ早く本格的なリストラに着手する

状況が悪化する中で生き残るには、とにかく早く本格的なリストラに着手することだ。基本的なサバイバル戦術は何も特殊な難しいことではなく、極めて単純なことだ。それは、「収入に応じてしかお金は使えない」というごく当たり前のことだ。しかし、この単純なことを実行するのがいかに難しいことか。ここからあなたの「サバイバル戦術」のすべてが始まる。

こうした時代に何よりも大切なことは、消費パターンの見直しと共に、失業という最悪の事態を避けることだ。その上で、自分の所得を最大化するよう努めることである。恐慌や大不況の時代には、ほとんどの人々の収入が大きく落ち込む。しかし、デフレによって物価も下落するため、所得の減少が物価の下落率よりも緩やかであれば、実質所得を増やすことも不可能ではない。

たとえば、恐慌前の所得と物価を一〇〇としよう。恐慌によって、物価が七五に下落したとする。一方、人々の所得は平均して七〇に下落したとすると、物価を考慮した実質所得は減少し、生活は苦しくなる。しかし、所得の減少を七五で食い止められれば、実質所得は変わらない。もしも、所得の減少が八〇のレベルでとどまっていれば、実質所得は恐慌前よりも増加し、生活はむしろ楽になるわけだ。

所得を最大化するためには、自分の持っている技術や能力を、他人が容易には到達できない水準にまで押し上げる必要がある。そのためには、社内外に人脈を作り、情報網を張り巡らせ、自分に合ったやり方で特殊な技能や高度な知識を身に付けて行くことだ。

恐慌時にはどんな業種や産業が強いのか？

それではここで、一九三〇年代の世界恐慌を振り返り、個人のサバイバル方法について参考になりそうなデータを抽出してみよう。どんな業種や産業が恐慌に強いのか。それを知っているかどうかで、次の恐慌を生き残ることができるかどうかが決まる。

そこでまず、大恐慌の始まった一九二九年と不況のどん底になった一九三三年とを比較して、産業ごとに個人消費支出がどう変化したのかを見てみよう。

まず目立つのは、この五年の間に家賃の下落が個人所得の落ち込みよりも小さかったことだ。それに対して衣服、アクセサリー、宝石に対する支出は大幅に低下している。また、輸送およびレクリエーションに対する支出も大きく落ち込んでいる。こうした産業は、恐慌の初期には手痛い打撃を受けることを物語っている。一方、食品、飲料、家事関連の消費支出にはあまり変化がない。結論として、宝石、レクリエーション、旅行産業などが他の分野に比べて業績の悪化が著しいことがわかる。

そこでもう少し細かく見てみると、貴重な基礎データが得られる。まず、大恐慌の時に落ち込みの激しかったのはラジオ（テレビはまだなかった）、自動車、音楽産業、農機具販売、家具店、花屋、卸売業、銀行、広告業だった。逆にもっとも被害の少なかったのは、新聞、郵便、サービス業、ドラッグストア、中古品販売、生命保険、教育産業などである。

このような中、業績が上向いた数少ない産業が自転車、修理サービス、医療・介護というものだった。これらは一〇〇年近く昔のデータではあるが、現代でも大いに参考になるものだ。

今回のコロナ恐慌では、パンデミックの影響が強いとは言え旅行業が壊滅的な打撃を受け、自動車販売も激減した。ライブハウスの苦境が報じられるように音楽産業も厳しい。一方で、食品や飲料といった生活必需品は打撃が少なかったし、マスク需要も追い風となりドラッグストアも全般に好調であった。

ツルハホールディングスの既存店売上高は、二〇二〇年二月が前年同月比で七・一%、三月が一四・五%増と大きく売り上げを伸ばした。多くのドラッグストアが売り上げを伸ばす中、マツモトキヨシホールディングスは売り上げが落ち込んだ。既存店売上高は二月こそ八%増であったが、三月は一〇・六%減と大幅なマイナスとなった。

　同じドラッグストアでありながら、なぜマツキヨの売り上げは伸びなかったのか？　一つの理由として考えられるのが、マツキヨは他社に比べて都市部に店舗が多いことだ。コロナショックにより訪日外国人が激減し、外出自粛が求められテレワークが一気に広がったため、繁華街やオフィス街から人の姿が消えた。その結果、都市部や繁華街の店舗は郊外に立地する店舗に比べて苦戦を強いられた。ここ数年はインバウンドの爆買い需要を取り込める分、都市部の店舗に優位性があったが、一気に形勢が逆転した。

　この傾向は、他の業種にも見られる。代表的な業種が、家電量販店だ。コロナ恐慌の逆風下、売り上げを伸ばしたのがコジマだ。全店売上高は二〇二〇年四月が前年同月比四・五％であった。テレワークやオンライン授業の急速な広がりにより、パソコンや情報機器の売り上げが急増し、調理家電の販売も増え、巣ごもり消費を取り込んだ。現在、コジマはビックカメラの子会社であるが、対照的に親会社の売り上げは大幅に減少した。同年四月のビックカメラの全店売上高は、前年同月比三七・九％もの減少となった。ビックカメラといえば、池袋、新宿、有楽町をはじめ、都心の駅前店舗が中心だ。一方、コジマは郊外の店舗が中心だ。

このように、恐慌に強い業種であっても、販売チャネルがその時の状況にマッチしていないと売り上げにはつながらないことがわかる。今回は新型コロナウイルスの影響が明暗を分けたが、恐慌は世の中の状況を大きく変化させる。

世界恐慌当時のアメリカでもっとも安定した仕事とは、連邦政府と州のスタッフだった。恐慌の最初の二年間は公務員はほとんど賃金カットを受けなかった。さすがに一九三二年になると、国民の間に公務員の高い賃金に対する反感の声が上がり賃金カットを迫られたが、多くの民間企業に比べれば総じて安定していたと言えよう。

公務員以外で比較的所得の減少が少なかったのは、電信電話会社、ガスおよび電気会社、教育に関する業種であった。現在でも、電力、ガス、通信といった業種は比較的不況に強く、それらの業種の株式は「ディフェンシブ銘柄」と呼ばれる。また、修理業務や法律サービスといった分野も打撃が小さく、所得の減少以上に物価が下落したため、実質所得は逆に増加した。人々が新しい製品を買わず修理して長持ちさせようとしたためなのと、社会にいさかいが増え、それを処理する法律家が必要となったからである。

一方、所得が大きく減少した業種としては、建設業、鉱業、農業、林業、漁業および金属産業などがある。また、驚くべきことに医師や歯科医については、名目所得が半分近くにまで下がったという。

今回の新型コロナウイルスの際にも、皮肉なことに大部分の病院で経営が悪化した。感染リスクを避けようと多くの人々が受診を避けた結果、患者が減り経営難に陥る病院が続出した。日本病院会、全日本病院協会、日本医療法人協会の三団体が実施した緊急調査によると、二〇二〇年四月は前年四月と比べ外来患者が一九・七％減、入院患者が一〇・四％減、手術件数一七・六％減、救急受入件数が三四・九％減となり、医業利益率はマイナス八・六％となった。

患者が医師との直接の対面を避ける一方で、医師が患者を遠隔で診断するオンライン診療が世界的に急増している。そして、それに伴うビジネスが急拡大している。日本ではソニーの関連会社であるエムスリーが代表格だ。同社は、医療従事者のための専門サイト「m 3.com」を運営している。同サイトでは製薬会社の医薬品情報などを提供し、国内の医師の九割以上が登録しているという。

また、同社はＬＩＮＥと共同出資し、全国の医師にオンラインで健康相談ができる「ＬＩＮＥヘルスケア」を無料提供している。コロナ禍で、ＭＲ（製薬会社の医薬情報担当者）や患者との対面機会が減少する中、「m 3.com」や「ＬＩＮＥヘルスケア」の利用が急増し、同社の株価も上場来高値の更新を続ける。

いずれにしても、パンデミックの影響を抜きにしても、恐慌が深刻化し所得が大きく減少すれば、多少の病気やケガくらいでは気軽に病院には行けないという人が増えるだろう。

サバイバル心得（基本：個人編）

それではいよいよ、個人のための「サバイバル心得（基本）」をご紹介しよう。

サバイバル心得①　本物の情報を収集する

情報収集の重要性はいつの時代も変わらないが、特にこうした大変動の時代には、大局をつかむための情報収集能力の差があなたの将来を大きく左右する。ごく基本的な情報であれば、大したお金をかけなくても情報収集は可能だ。ちょっとした知識なら、本や新聞、テレビ、インターネットなどで十分得られる。ひょっとすると、あなたの人生を変えるような発見があるかもしれない。

人間一人の考えなど、たかが知れている。他人の知恵を拝借することこそ、すべての始まりである。

ただし、恐慌時の生き残りを目指すなら、もう一歩踏み込みたい。ただ漫然と情報に触れるだけではなく、重要と思われる情報についてはたとえば新聞や雑誌の記事を切り抜いたり、本に書き込みを入れるなどして、内容を頭に叩き込むことだ。私が一〇日に一回発刊する「経済トレンドレポート」では二〇一九年夏から何回も『恐慌警報』を発令し、予測を的中させた。そして会員さんの資産を守ることに成功した。ぜひ当レポートの会員になることをお勧めする（巻末二二一ページ参照）。さらに講演会に参加したり、会員制のクラブに入会して情報を得るのも有効だ。私も経済ジャーナリストとして全国各地で講演しているし、資産運用・資産保全を目的とする各種会員制クラブを主宰しているので、ぜひご参加いただきたい（詳しくは巻末二二三ページ参照）。

サバイバル心得② 自分の財産と生活パターンを総点検する

自分の財産と生活を守るには、まずは自分の財産と生活の状況をきちんと把握することが必要だ。それができて初めて、効果的な改善が図れる。不思議なことに、社会情勢にかなり詳しい人でも自分自身のことについては無頓着な人

経済トレンドレポートで情報収集を

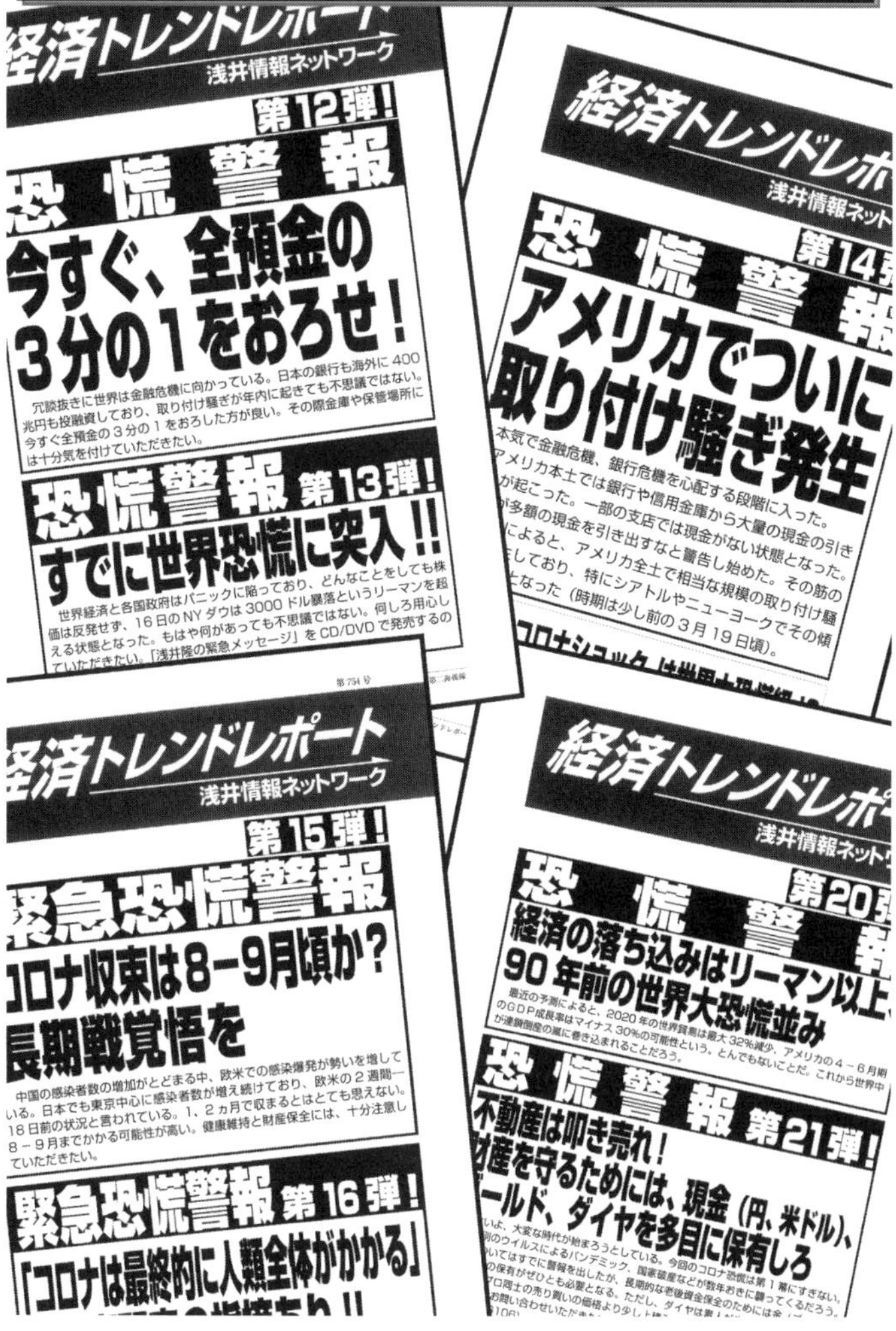
経済トレンドレポート
浅井情報ネットワーク
第12弾！
恐慌警報
今すぐ、全預金の3分の1をおろせ！
冗談抜きに世界は金融危機に向かっている。日本の銀行も海外に400兆円も投融資しており、取り付け騒ぎが年内に起きても不思議ではない。今すぐ全預金の３分の１をおろした方が良い。その際金庫や保管場所には十分気を付けていただきたい。

恐慌警報 第13弾！
すでに世界恐慌に突入!!
世界経済と各国政府はパニックに陥っており、どんなことをしても株価は反発せず、16日のNYダウは3000ドル暴落というリーマンを超える状態となった。もはや何があっても不思議ではない。何しろ用心していただきたい。「浅井隆の緊急メッセージ」をCD/DVDで発売するの

経済トレンドレポート
浅井情報ネット
恐慌警報 第14弾
アメリカでついに取り付け騒ぎ発生
本気で金融危機、銀行危機を心配する段階に入った。アメリカ本土では銀行や信用金庫から大量の現金の引き出しが起こった。一部の支店では現金がない状態となった。が多額の現金を引き出すなと警告し始めた。その筋によると、アメリカ全土で相当な規模の取り付け騒ぎとしており、特にシアトルやニューヨークでその傾となった（時期は少し前の３月19日頃）。

経済トレンドレポート
浅井情報ネットワーク
第15弾！
緊急恐慌警報
コロナ収束は8－9月頃か？
長期戦覚悟を
中国の感染者数の増加がとどまる中、欧米での感染爆発が勢いを増している。日本でも東京中心に感染者数が増え続けており、欧米の２週間前の状況と言われている。１、２ヵ月で収まるとはとても思えない。８－９月までかかる可能性が高い。健康維持と財産保全には、十分注意していただきたい。

緊急恐慌警報 第16弾！
「コロナは最終的に人類全体がかかる」

経済トレンドレポート
浅井情報ネット
恐慌警報 第20弾
経済の落ち込みはリーマン以上、90年前の世界大恐慌並み
最近の予測によると、2020年の世界貿易は最大32%減少、アメリカの４－６月期のＧＤＰ成長率はマイナス30%の可能性という。とんでもないことだ。これから世界中が連鎖倒産の嵐に巻き込まれることだろう。

恐慌警報 第21弾！
不動産は叩き売れ！
財産を守るためには、現金（円、米ドル）、ゴールド、ダイヤを多目に保有しろ
いよいよ、大変な時代が始まろうとしている。今回のコロナ恐慌は第１幕にすぎない。ついてはすでに警報を出したが、国家破産などが数年おきに襲ってくるだろう。の保有がぜひとも必要となる。長期的な老後資金保全のためには金、ダイヤは

が多い。まずは、借金も含めた自分の資産状況と収支の状況を総点検し、リストにしてみよう。それを見ながら、一晩じっくり考えてみることをお勧めする。

すでに恐慌が始まったと想定して、家計のリストラに着手しよう。生活費に無駄がないか、徹底的にチェックすることだ。これまでの支出の二五％を貯蓄に回せるまで生活水準を下げるべきだ。「私は十分節約している」という人でも、大抵は節約の余地があるものだ。そのためにも、あなたの生活パターンを総点検し、無駄な部分があればすべて切り捨てよう。工夫さえすれば、実質的生活水準をほとんど下げることなく支出をカットすることができるはずだ。

サバイバル心得③ 現金をなるべく多く持つ

恐慌時には、財産をモノで持たずに現金で持つことが鉄則である。恐慌とは深刻な不景気であり、モノが売れないから当然、物価は下落する。つまり、デフレということだ。物価が下落するということは、逆に通貨価値は上昇することを意味する。一万円で買い物をする場合でも、物価が安い方がより多くのモノを買うことができるからだ。物価が下落する恐慌ともなると、現金の価値はこの上なく高まるわけだ。だから、お金さえ十分にあれば恐慌は恐れるに足らない。仮に、収入や資産をほとんど減らさずにすめば、物価が下落する分、あなたの生活水準は確実に向上する。

また、恐慌のような混乱時には資産の分散がより重要になる。現金が有利だからといって、全財産を一ヵ所の銀行に預けておくのはいただけない。たとえば、現金のうち三分の一を信頼できる銀行の口座に預け、三分の一は貸金庫に入れ、三分の一は自宅の安全な場所に保管するというように分散するべきだ。

その際、銀行への預入額は一〇〇〇万円以内に収めるのが望ましい。少子高齢化と超低金利により銀行を取り巻く環境は非常に厳しく、メガバンクとて経営は安泰ではない。銀行が破綻する可能性を考えると、一行への預入額は預金保険で保護される上限額までにするべきだ。もし、二〇〇〇万円を預金するなら、二行に一〇〇〇万円ずつ預ければ、銀行破綻時にも預金は保護される。

さらに資産規模が大きい人は「決済性預金」を検討するとよい。決済性預金とは簡単に言えば、「利息の付かない普通預金」である。決済性預金の場合、利息は付かないものの、銀行破綻時にも預金の全額が保護される。

サバイバル心得④ 良き同志を持つ

厳しい冬の時代にこそ友情の価値が明らかになる。世の中が順調な時の友情は真の友情ではない。お互いに困った時に助け合い、励まし合えることこそ真の友情である。今から親友、同志と呼べる人を何人も作っておき、冬の時代にお互いが助け合い、精神的にも豊かになれる基盤を作っておくべきだ。

また、お互いに必要なものを物々交換することにより、お金をかけなくても、より豊かな生活を送ることも可能である。

サバイバル心得⑤ 哲学を持て

厳しい時代を生き残るには自分の財産や生活を守るのが第一だ。しかし、単にお金のためやモノのためだけに行動することほど空しいものはない。自分の人生哲学、お金に対する哲学を持つべきだ。そうした人間は、どんな時代にも生き残ることができる。それは、欲をいかにコントロールするかということにもつながる。欲をかき過ぎると、全財産を失うことになる。

サバイバル心得⑥　負け犬になるな

恐慌時には、とにかく現金を確保できるかどうかが生き残りのカギを握る。そのため、サラリーマンはとにかく失業だけは避けるべきだし、資産家であっても投資による大損は避けるべきだ。それでも運悪く失業してしまう人もいるし、投資で失敗して借金を抱え破産に追い込まれる人もいる。

しかし、自分が仮にそうなったとしても、決して負け犬になってはいけない。自分を落伍者と思い込んではおしまいだ。太平洋戦争時、南方の島々でろくな食糧や武器も持たずに米軍と戦い散って逝った旧日本軍の兵士たちの惨状と比べれば、不況の苦しみなど〝気楽なピクニック〟のようなものだ。他人に落伍者と見られても気にすることはない。前向きに努力を続ければ、いずれ報われる時がくる。

失業、倒産、破産など、最悪の事態は誰だってご免こうむりたい。そのような事態を避けるために、全力を尽くすべきだ。しかし、その一方でそのような事態を想定はしておくべきだ。想定しておかないと、いざという時にまったく対応できず、絶望しか残らない。「賢者は最悪の事態を想定しつつ、希望を持って生きて行く」のである。

サバイバル心得⑦ 健康こそ財産

健康こそ財産、体あっての物種である。つまり、健康の維持はお金儲けと同じ、いやそれ以上の価値があるということだ。どんなにお金を持っていても、体はガンに侵されボロボロというのでは何の意味もない。健康にはくれぐれも気を付けたい。アルコールやタバコを控え、ストレス解消のために適度な運動を心がけよう。自分独自の健康法も研究するとよい。

また、物事を否定的にとらえないようにし、心身共に爽やかな状態を保ちたい。

サバイバル心得⑧　将来に大きな見通しを持つこと

世の中の混乱により厳しい状況に直面すると、目先のことのみにとらわれがちになる。しかし、近視眼的なものの見方は、長い目で見ると悪い結果をもたらすことは少なくない。短期的な視野にとらわれず、恐慌後の自分のあるべき姿を常に念頭に置きつつ行動することを心がけよう。ビジョンのない投資やお金儲けは、単なる守銭奴の悪あがきに過ぎない。

第五章　サバイバルの応用と極意

行動を変えて「そのトキ」に備えよ

本書をこの章までお読みになった読者の皆さんは、コロナ大不況によってどのように世の中が変わり、そしてその後にこの国がどうなって行くのか、よく理解されたことと思う。また前章では、このような激動の時代を生き抜くために、どのように考えを変え、何を心得として身に付けるべきかを見てきた。

そこで本章では、いよいよ具体的かつ実践的なサバイバルの方法、極意について見て行きたい。戦争で言えば「戦術」にあたる「サバイバル対策法」は、ただ形だけ真似すればよいという単純なものではない。国家が生き残りをかけて戦争する時、単に「戦術」をなぞるだけでは勝利はおぼつかないのと同じで、それぞれの戦術をいかに用いるかという「戦略」が極めて重要となる。

大不況時代のサバイバルにおいて、「戦略」とは前章の「心得」がそれに当たる。したがって、ここから先の対策は、前章の「心得」をしっかりと頭に叩き込んだ上で、心して取り組んでいただきたい。

国家破産対策も踏まえた対策を

本書のテーマは「コロナ大不況」をいかに生き抜くかである。したがって、国家破産対策については詳しくは取り上げない（詳しくは続刊『巨大インフレと国家破産』〈第二海援隊刊〉を参照）。しかし、日本の場合はコロナ大不況を経由して国家破産というさらに深刻な事態が想定される。どちらも皆さんの財産が脅かされる非常事態であり、一部は恐慌対策とも関係する内容となるため、ここで少しだけ触れておく。

まず、日本がいよいよ国家破産になった時には、コロナ大不況や大恐慌とはまったく異なる事態が起きる。その代表的なものが、次の三つだ。

①インフレ

恐慌時は、原則的にデフレ傾向が顕著となる。不況で企業活動が停滞し、支出が著しく抑制されるため、物が売れなくなり物価の下落圧力がかかるからだ。また、実体経済に先行して株価は下落、さらに遅れて不動産価格も下落し、お金の価値は相対的に上がることとなる。

一方で、国家破産が起きると基本的にインフレ基調となる。通貨発行元である政府の財政が破綻し、国の信用が著しく低下するため通貨価値が大きく下がるのだ。正確には国ではなく、中央銀行である日銀が通貨発行元であるが、その日銀は国債を大量に抱え、それを元に大量のマネーを発行している。これが極限まで進めば、事実上「国債イコール日本円」ということになる。財政破綻すれば国債の価値も大きく下がり、日本円の価値も著しく下がることになるだろう。

したがって、国家破産対策を考える場合には「日本円のインフレ」にどう対処するかが極めて重要なポイントになってくる。大恐慌対策として行なうものの中には、インフレ対策としては適さないものや不十分なものもあるため、その点には十分留意しておきたい。

②大増税

恐慌時に大増税を行なうということは、ほぼあり得ない。瀕死の経済下で増税し、景気後退に追い打ちをかける為政者などいようはずがないためだ。一方で、国家破産という事態になると国家はなり振り構わず国民の資産を奪い取りにかかる。いかに経済がドン底の状態であったとしても、国民の生活が困窮を極めていたとしても、大増税が実施される可能性は極めて高い。

国家はいかなる時も、国としての体を成す最低限の行政運営を継続するためにお金が必要だ。もし、財政破綻時に国民から徴税できなければ、行政は機能停止し無政府状態となるだろう。増税対象として、所得税はもちろんのこと消費税なども引き上げられるだろうし、また保有資産への課税という「奥の手」も用いられることとなる。事実上の資産没収である。これに国民が個人レベルで対抗する手段はないことはないが、一般に個人が自力で実行できるものではないので、専門家に相談するか、そうしたことを指導してくれる会員制クラブに入会すべきだろう。

③徳政令

大増税とセットで行なわれることもあるのが、三つ目の「徳政令」だ。具体的には、預金封鎖や引き出し制限、国外への資産移動の制限、税関などでのチェック強化、保有資産の報告義務強化など、その方法は多岐にわたる。金融に関する複雑な仕組みが発達している現代では、個人や一般企業、事業者などの資産状況を捕捉することは困難になっているが、逆に言えば補足が容易な財産に対しては、より強力かつ厳密な徳政令が断行される可能性がある。

こうした各種の「資産規制」（あるいは資本規制）は、恐慌時であっても行なわれ得るものだ。特に預金封鎖や引き出し制限は、社会混乱を封じ込める目的でも行なわれ得る。恐慌による「取り付け騒ぎ」の発生を受けて実施されることもまれではないため、当局の動向を先読みして対策することが求められる。

国家破産時に起きるこうした事態から大切な財産を守る方策とは、非常に大雑把に言うと次の二点に集約される。

■海外資産、外貨建て資産を保有する

■現物資産、現金を手元に持つ

もちろん、これに該当すれば何でもよいわけではなく、それぞれの資産の持ち方にも注意や工夫が必要となる。

ただ、これら国家破産対策の中にはこれから披露する恐慌対策にも共通する方策がある。そのことをきちんとわきまえて適切な時期に策を講じれば、あなたの資産防衛は向こう二〇年程度にわたって幸運の女神に守られることだろう。

サバイバル戦術〈個人編〉

ではいよいよ、個人における一〇の重要なサバイバル戦術を見て行こう。

〈個人〉サバイバル戦術①　現金を作ること

まず、なるべく支出を抑えること。具体的に支出抑制目標（たとえば支出を二五％カットするなど）を決め、それが達成されたかを定期的にチェックするとよい。

また、少なくとも生活費の一年分以上の流動性資金を持ち、そのうち三〜六ヵ月分は現金で手元に置くこと。四人家族で年六〇〇万円の支出であれば、最低二〇〇万円の現金を用意したい。手元現金は預金封鎖や引き出し制限への対策として必須である。数百万円程度を自宅保管するため、保管場所も十分に考えて準備したい。

流動性資金は、できれば生活費二年分程度は確保することが望ましい。その際、金融機関の破綻も考慮してペイオフ対象内に収まるよう預金を分散する、あるいは決済性預金などに切り替えるなどの工夫を行なうこと。また、決して定期預金にしてはいけない。

〈個人〉サバイバル戦術② 借金はできるだけ減らす

借金とは複利で雪ダルマ式に膨らむということを、今一度しっかり思い出していただきたい。今はほとんど金利ゼロに近い状況だが、将来必ず上がってくる。巨額な住宅ローンなど、最初の一〇年程度はほとんど金利分しか返済しない「金利奴隷」のようなものである。個人の戦術①で流動性資金が確保でき、十分な余裕があるのであれば、繰り上げ返済によってなるべく金利分を減らした方がよい。また、ローンの借り換えなど、活用できるものは検討した方がよいが、変動金利は長期的に見ると急激な金利上昇局面などで非常に厳しくなるため、なるべく固定金利に切り替えること。

住宅以外でも、たとえば自動車ローンを抱えている場合、車を手放すことも前提に検討すること。車がないと生活できないという人も、果たしてそのローンが本当に必要なのか、安い中古車を即金で買ってもこと足りるのではないかなど、「借金を減らす」ことを至上命題としてじっくり吟味してほしい。

この他にも、「ローン」「割賦（分割払い）」などの言葉が付くものはすべてチェックすべきである。学資ローンやカードローン、高額家電などの分割払いなど、これらすべて「借金」である。

現代の日本人は「まだ使えるのに買い替える」「見栄や新しいもの好きで消費

する」という消費行動があまりにも多過ぎる。その借金が生活や人生設計上外せないものなのかどうか、徹底的に吟味することだ。

〈個人〉サバイバル戦術③　不必要なリスクを冒さない

恐慌時のような非常時に最優先すべきは、「生き残ること」。たとえば、株価暴落で資産を大きく減らしたとしても、それを取り返すべくリスクを取った積極投資などは〝もっての外〟である。

特に行なってはいけないのは、レバレッジが効く取引、具体的には「信用取引」「FX」「先物取引」などだ。早い話、これらは「借金で投資する」状態であり、負ければ投資額以上の損失を負う。そして、恐慌時は往々にして「不測の事態」が起き、そうした状況に陥りやすい。

いずれ恐慌局面が大底を打ち、市況が明らかな上昇基調に転換すれば、そこからリスクを取って動き始めても十分に挽回は可能である。恐慌時には、くれぐれも必要最小限のリスクに留めることを心がけていただきたい。

〈個人〉サバイバル戦術④ 不動産投資は避ける

投資目的で不動産を保有している方は、なるべく早く売却することを検討した方がよい。不況下では物件価格が大きく下落する上、特にオフィス系は、空室が増えて収入が減少するリスクも高まるためだ。そうでなくとも、日本の不動産は供給過剰にあり、さらに少子高齢化で今後需要が減少することが目に見えている。外国人需要も激減しており、多くの物件はいずれ投資を回収できなくなる危険が付きまとう。

同様に、自宅を「資産」として保有しているという場合も売却を検討すべきだ。自宅を「生活のための道具」として割り切るなら、資産価値が下がっても気にする必要はないし、固定資産税やリフォームなども必要経費として割り切れるが、ひとたび「資産」と位置付ければ「資産価値の低下」は避けて通れないからだ。なお、不動産は売却までに時間を要するため、検討するならなるべく早くから始めることを強く勧める。

〈個人〉サバイバル戦術⑤ すべての株を二〇二〇年中に戻り売りせよ

二〇二〇年三月の「コロナショック」で、株価は三〇％以上も下落した。しかしながら歴史上のすべての「恐慌相場」において、たった一度の株価下落ですんだためしはない。必ず暴落の第二波、第三波が到来し、そのたびに投資家はさらなる大損失をこうむっている。株価が適度に戻ってきたら、上値を欲張らずにすべて売り払ってしまうことだ。

いずれ恐慌の大嵐は過ぎ去り、株価も大底を打って絶好の買い場が到来する。その時のために、しっかりと現金を確保して備えておくのが賢明だ。

〈個人〉サバイバル戦術⑥ 資産を三〇〇〇万円以上持っている人は海外資産を持て

詳しくは、一九三ページからの「お勧めの具体策①」をご参照いただきたい。

〈個人〉サバイバル戦術⑦ 資産の一部を金で持つ

「有事の金《きん》」の言葉通り、金《きん》は激動の時代にこそ、その価値が高まる。資産の一〇～二〇％を目安に金《きん》の保有を図ること。なお、金《きん》の持ち方は一キログラムの地金より一〇〇グラムのバーやコインなど、小さいものの方が扱いやすくよい。あまり金《きん》相場を気にし過ぎず、少量をコツコツと定期的に買う（ドルコスト平均法）やり方がよいだろう。さらに、金《きん》についてはもう一つ注目しておくべき「やり方」がある。詳しくは二〇二ページの「お勧めの具体策②」で紹介するので参考にしてほしい。

〈個人〉サバイバル戦術⑧　保険は最小限を残し解約

もし、あなたが多くの保険に入っているなら、最低限のものを残して解約することだ。具体的には、掛け捨ての終身保険や損害保険は、不測の事態への対策として有効であるため加入しておいてよいが、年金保険や過剰な医療特約などはほとんどが保険の役には立たないと考えて差し支えない。貯蓄性の保険などは、加入しておくくらいなら積立預金や積み立て投資にした方がまだましなものすらある。個人の戦術①とも関連して、出費を抑える観点からもぜひ取り組んでいただきたい。

〈個人〉サバイバル戦術⑨ いよいよ事態が差し迫ったら

預金を引き出し、半分は現金として自宅で保管、もう半分は自宅以外の保管場所を確保して保管すること。

〈個人〉サバイバル戦術⑩ あなたの職業について

「アフターコロナ」は、企業・産業も大きく様変わりすることになる。旧態依然の業種や古いやり方に固執する企業には、淘汰の波が到来することだろう。

では、仮にあなたの会社や仕事が淘汰される可能性が高いとして、これからすぐに転職するのがよいかと言えば、答えは断じてNOである。

残念ながら、今から活動してもすでに遅過ぎるからだ。もし仮にうまく転職できても、一から新たな仕事を覚えなければならない。その間に大不況が到来してリストラが始まれば、はじめに首を切られるのは仕事がままならない新人からということになる。
■恐慌時にもっとも恐れるべきは「失業すること」
「失業者」は恐慌時に最大の被害者となる
■定職がありさえすれば、恐慌の影響は最小限に食い止められる
■今の会社で一生懸命に働いて「必要な人材」となり、努力して自分の能力を上げ「自分の価値」を高めること
■ゴマをする必要はないが、「上司の信頼」「同僚との良好な関係」を勝ち取る努力をする。つまらぬ社内抗争などから、なるべく離れる
■これから職を選ぶなら、時代に即したものを。かつての恐慌局面では「医療・介護」「教育」「修理サービス業」などが有望だった一方で、「重工業」「建設業」「耐久消費財」などは深刻な不況のため不適であった。
「コロナ後」の世界は、そうした経済的優位性があらゆる意味で大きく変化した。大手であれば生き残れるわけでもなく、特定の業種が強いという定説も覆りつつある。

たとえば「医療・介護」はいかなる時も有望と見られていたが、現在ではむしろ淘汰の波が到来し、どこでも安泰とはとても言えない状態になっている。新しいアイデアでコロナ時代に則した医療・介護サービスを提供できる機関・施設なのかを慎重に見極める必要があるだろう。

「教育」についても同様だ。日本の場合、特に少子高齢化の影響で子供向けの塾などは過当競争となっている。一方、「生涯学習」という考え方が徐々に普及し始め、「大人向けの教育コンテンツ」などにはビジネスのヒントが多く眠っている。また、教育とＩＴが融合した新たな領域（ＥｄＴｅｃｈ：エドテック）の可能性も大きい。こうした領域に積極的に関わって行くことが重要だ。

重工業や建設、消費財などの大手企業も、過当競争の中で生き残りが極めて難しくなっている。その一方で、「ニッチな需要」や小規模ながら確実な需要がある領域については、製造業分野でもまだまだチャンスは大きい。

こうしたニッチ需要をビジネスにするのは、大手よりも中小企業の方が向いているということもあるだろう。となれば、転職先候補としては経営者の意欲やアイデア、キラリと光る要素技術などを持つ中小企業にこそ、大きなチャンスが眠っているかもしれない。

以上の戦術を駆使し、次なる危機を逆に絶好のチャンスにしていただきたい。

サバイバル戦術〈企業編〉

大恐慌とは、企業にとっても壮絶なサバイバルゲームとなる。敗者はすべてを失う一方、時流の変化にうまく対応し生き残ることができれば、いずれ新たなビジネスチャンスを獲得する機会にも巡り合うだろう。

そこで、企業向けのサバイバル法についても見て行きたい。まずは、サバイバルにおける基本事項から見て行こう。

〈企業〉基本事項1　過去の大恐慌に学ぶ

一九二九年の世界恐慌では、一九三三年まで深刻な景気後退に見舞われたものの、その後のアメリカ経済は急速に回復した。しかし、回復の道半ばにして米政府とＦＲＢはニューディール政策による財政出動から緊縮財政に転換すると、景気は再び急激に悪化し株価も暴落した。「三七年恐慌」と呼ばれるこの景気後退はあまり有名ではないが、経済的なインパクトはこちらの方が甚大だったとも言われる。アメリカのこの例でも、せっかく第一波を生き残っても途中の回復局面で油断し、より手痛い第二波によって打ちのめされた企業が無数に存在する。くれぐれも、途中で油断をしてはいけない。

〈企業〉基本事項2　三割の企業は危機を迎える

恐慌によって、産業や企業のうちおよそ七割は生き残ることができると言われる。逆に言えば、三割の会社や産業は淘汰の憂き目に遭うということだ。この割合は、企業の生き残りを考える上で大いに参考とすべき数字だ。

〈企業〉基本事項3　恐慌の打撃は連鎖する

リーマン・ショック時には、サブプライム・ローンの焦げ付きが金融業界全般に波及し、耐久消費財産業や中間財を扱う産業群にも影響し、最終的に小売りやサービス業などにも不況の波が押し寄せた。コロナショックでは、人・モノの移動が制限されたことで輸出入、観光・旅行産業が打撃を受け、やがてサプライチェーンの打撃によって精密機器や自動車などにも深刻な影響がおよんだ。自分の会社や業種がどんな位置付けにあり、恐慌によってどんな連鎖的影響を受けるのかを知っているかどうかは、生き残り戦略を考える上で極めて重要となる。

〈企業〉基本事項4　恐慌の影響が少ない業種とは

世界恐慌の際、もっとも被害が少なかった業種というものがある。一七九ページに図としてまとめたので参考にしてほしい。

もちろん、一世紀近く前の情報であるから、これらをそのまま参考にすることはできないが（しかも、今回は新型コロナウイルスという特殊な要因から起きたことなので、大分様相が異なるが）それでもこれらの業種から「ある傾向」を考えていただければ現代においても通用するアイデアが浮かび上がってくるだろう。

また、個人の戦術⑩で触れたような点も参考にするとよい。

〈企業〉基本事項5　衰退する企業はさらに弱体化する

非常に厳しいことだが、恐慌前から衰退傾向にあった企業や産業は、恐慌を契機としてさらに弱体化し、淘汰の憂き目に遭う。また、これとは逆に伸び盛りの企業や産業は、こうした企業・産業群を駆逐あるいは吸収してさらに強大になって行く。自身の企業や産業はどうだろうか。あるいは取引先など関係企業はどうか。

これらの基本を踏まえた上で、八つの企業編「サバイバル戦術」を見て行こう。

世界恐慌の際、被害が少なかった業種

- 修理業
- 自転車店
- 教育産業
- 医療・介護
（ただし今回はコロナ禍という特殊な事情のため病院は大変厳しい状況におかれている）
- バスなど安価な輸送手段
- ガソリンスタンド
- 中古品店
- 法律サービス
- 薬局

〈企業〉サバイバル戦術①　短期視点で考えること

長期の期間を要するプロジェクト、投資案件などは中止すること。恐慌によって中断を余儀なくされ、しかも世の中が劇的に変化することで投資がムダになりかねないためだ。非常時には短期でモノを考えること。刻々と変化する情勢に機敏に対応し、小さいチャンスでもコツコツとつかんで行くことを心がけたい。

〈企業〉サバイバル戦術②　借金や不動産投資はしない

借金を減らすこと。企業の発展のための負債の設定はインフレ下では有効だが、デフレ下では債務者に厳しい局面を招くことになる。日本のバブル崩壊後などでは「貸しはがし」が社会問題となったが、非常時において債務者は常に弱者となる。不動産投資も同様の憂き目を見るため、厳しく避けること。

〈企業〉サバイバル戦術③ 現金を重視せよ

キャッシュマネージメント（現金管理）がことさらに重要と心得ること。「キャッシュフロー経営」という言葉が登場して久しいが、会計上のＢ／Ｓ（バランスシート）、Ｐ／Ｌ（損益計算書）が良好だからと油断してはならず、現金に常に配慮すること。どんなに会計上の数字がよくても、現金が枯渇すれば倒産は免れない。リーマン・ショック時には、かのトヨタですら現金調達ができずに経営危機に陥りかけた。工場や生産設備、在庫などをいくら持っていても資金調達できない企業は他社への支払いに応じられず、「死ぬ」ことになる。現金が「経済の血液」と呼ばれるゆえんだ。

経営者がまずやるべきことは、毎月どれだけの現金が必要となるのかを正しく把握することだ。不況下でどんなに売上が激減しても、家賃や人件費、光熱費などの固定費は減ることはない。会社を維持するための最低限の現金をいかに確保できるかが、非常時の経営者にとって最重要の手腕となる。

〈企業〉サバイバル戦術④　内部留保を厚くせよ

企業の戦術①とも関連するが、不況下には新規事業や長期プロジェクトなどの積極投資を避け、内部留保をなるべく厚くすること。不況時の戦略は「生き残り」であって決して「発展」ではない。また、あわせてこうした資金の一部は個人と同様に現金化し、自社の金庫などに保管することも勧める。

たとえば、恐慌によるパニックで預金封鎖に陥った時、従業員や取引先に現金でタイムリーな支払いや支給が可能だからだ。誰もが現金で困るような状況下に現金で対応できれば、相手からの大きな信頼を獲得することもでき、その後のビジネス展開にも大きな力となるだろう。

〈企業〉サバイバル戦術⑤　海外依存度を下げる

恐慌時には、往々にして輸出入などの貿易に甚大な影響が出る上、事前にそれを予測することもかなり難しい。したがって、売上に対する海外依存比率が高い企業は、国内での販売拡大策を日頃から考え、いざという時に国内売り上げでしのぎ切れるように周到に準備することだ。

〈企業〉サバイバル戦術⑥　在庫を持たず、資本財もいらない事業

不況下でも強い産業・企業の典型例として、①在庫費用がかからない、②資本財がいらない、というものが挙げられる。たとえば質屋、中古品店、修理業、コンサルティング、マーケティング、通信販売などがそれらに該当するだろう。インターネットの隆盛に伴って、こうした産業を個人経営で行なう人も増えている。いきなりこうした事業に新規参入せずとも、自社の事業で取り込める部分がないか、よくよく知恵を絞ること。

〈企業〉サバイバル戦術⑦　変化に敏感になれ

企業の戦術①にも通じることだが、大不況を機に世の中は大きく変化する。特に「コロナ大不況」では、人々の生活様式や消費行動までもが大きく様変わりしている。こうした変化を見逃さず、自社の事業にも取り込んで行くことが

重要だ。それがどんな些細なことであっても、取り逃す手はない。「うちのやり方はこれだから」などと今までのやり方にこだわっても、企業は生き残れなければ意味がない。コツコツと新しいトレンドを受け入れ、変化して行くこと。それが企業の生き残りに極めて重要となる時代に、ますますなって行くだろう。

〈企業〉サバイバル戦術⑧ 精神論を捨て、知恵と創造で勝負せよ！

「元気があれば、何でもできる！」というフレーズは、某レスラーのものだったろうか。もちろん、元気が重要なことに異論はないが、しかし経営者は元気や根性、精神論を頼りにして自分が擦り切れるほど働き、あるいは従業員を擦り切れるほど働かせてはいけない。経営者が擦り切れるほどやるべきこととは、考え抜き、知恵を絞り、策を出し、創造性を発揮して難局を大チャンスに変えることだ。

最後に、これからの激動の時代にあって経営者に何よりも必要なものは、こうした戦術やあるいは経営戦略などではない。もちろん戦略・戦術の重要性は言うまでもないが、これらは枝葉末節である。

一番大切なのは、「この時代にいかなる業を成すか」という理念であり、その理念を実現するための哲学だ。単なるお金稼ぎではなく、人類社会にいかに資するのかといった、本当の本質に迫れる者こそが、いかなる事態にも生き残りそして勝者となる。

これから到来する大恐慌はそれがもっとも試される時代であり、だからこそ本物はピンチすらチャンスに変える力を発揮するのだ。こういう時期だからこそ、経営者の皆さんにはぜひとも日本の将来のために何を成すか、いかに成すかについて考えを巡らせていただきたい。私も、本書をお読みになっている経営者諸氏と共に今一度初心に立ち返って激動の時代を歩む覚悟を新たにしよう。

サバイバルするための考え方と具体策

さて、ここまで「コロナ大不況」を生き残るための戦術について「個人編」「企業編」に分けて見てきた。これらの戦術は、生き残りのためのいわば「基本編」というべきものである。恐慌という怪物から大切な資産を「守る」ことを目的とした戦術であるから、なるべく「減らさない」「失わない」という点では有効だ。しかし逆に言えば、「なるべく減らさない」ことはできても、「資産を殖やす」ことは難しいということだ。

ここで、資産を運用する上で非常に重要な原理を紹介しよう。それは、資産とは「ただ持っているだけでは殖えない」ばかりか、「超長期で見ればあらゆる資産は目減りする」ということだ。もしあなたが「そんなこと当たり前だ」と感じたなら、「資産」というものに対してなかなか筋のよい考え方を持っている。しかし残念なことに、多くの人たちは資産は「大切に持っていれば守れる」し、

「勝手に減ったりなくなったりしない」と思っている。そうではないのだ。

一つ、頭の体操をしてみよう。ここに数百年前の「開かずの蔵」があるとする。蔵を開けると、出てくるものは大体資産価値がゼロのものである。もちろん、中には非常に高い資産価値が付く骨董品や金貨などが出てくる場合もあるが、それらは例外というべきものだ。特に古銭（昔のお金）などは実質的な資産価値はほぼないに等しい（骨董的な価値はあるかもしれないが）。蔵全体で見れば、当時数十億円の価値があるものだったとしても、現在評価額に直せばせいぜいが数百万円からよくて数千万円という話になるのがオチである。

もう一つ、貨幣についても考えてみよう。昭和四〇年に一万円だったものは、現在約四万二〇〇〇円になっている（消費者物価指数ベース）。ということは、もし昭和四〇年に一万円をタンス預金しておいたとして、今それを使おうとすれば当時の四分の一の価値しかないということだ。これが、破綻国家でインフレが進んでいようものなら、その減価スピードはもっとすさまじいものになるし、究極的に言えばあらゆる通貨はインフレによって減価する運命にある。実際、歴史上消え去ったすべての国家の通貨は紙キレになっている。

モノの価値は時代で移り変わり、またお金の価値も未来永劫保証されているものではない。例に挙げた「開かずの蔵」や「通貨の寿命」のような数百年単位の話でなくとも、私たちが生きている間の数十年単位ですらモノやカネの価値は変化している。そして、ほとんどの「資産」と呼ばれるものは、時間と共に減価して行くのだ。

では、こうした資産に関する「宿命的」ともいえる原理に逆らい、資産を「減らさない」だけでなく「殖やす」ということは果たして可能なのかといえば、もちろん「可能」だ。ただし、資産を「守る」やり方の延長線上にはない。

個人の戦術③で、「不要なリスクは取るな」と指摘した。しかし、もし資産を「殖やす」ことを考えるならば、「必要なリスクを取る」ことなしにそれを成すことは決してできない。特に、大不況や大恐慌といった激動の時期にこそ、積極的にリスクを取りに行く姿勢が必要となってくる。

本章の後半は、「ピンチをチャンスに変える」具体的な方法について見て行く。

まずは、重要となる「基本的な考え方」をまとめる。

重要となる考え方①　必要なリスクを積極的に取る

まずは繰り返しとなるが、「リスクを取ること」の重要性についてだ。ほとんどの人は、恐慌のような有事にリスクを取ると考えるだけで嫌悪感や恐怖、不安を感じることだろう。しかし、いかに手を尽くして資産を守ろうとも、資産をまったく減らさずに守り切ることなどできない。特に恐慌時には、平時の頭では想像もできないような資産価値の変動が起こり得る。

たとえば優良企業の株式が軒並み暴落する一方で、資産の避難先として誕生から日の浅い仮想通貨が暴騰するといった具合だ。もしこの局面で、仮想通貨をリスク性資産と考えて運用先から外せば、資産を殖やすことはままならない。

リスクを取る資産運用法は、一つだけでなくいくつか用意しておくことが重要だ。恐慌時には、どのような資産クラスが暴落・暴騰するかわからない。もちろん、大量のマネーが入っている株式市場などは暴落必至だが、ごく一部の資産クラスには急激に資産が流入し急騰することもある。こうした機会をうまく活用するためには、日頃からできる限り幅広く手がけておくことが有効となるのだ。

もちろん、リスクを取るにあたって絶対にやってはいけないことがある。個人の戦術③で触れた通り、レバレッジや借金にあたる投資法は厳禁である。

重要となる考え方② 攻めと守りの資産を分けておく

極めて基本的なことだが、リスクを取ると言って全資産を投じるのはバカのやることである。多少の目減りを前提として「手堅く守る」資産と、大きく目減りするかもしれないが殖やせる可能性もある「果敢に攻める」資産に分け、それぞれに適切な手立てを講じるのだ。こうしておけば、万が一チャンスをものにできなくても、資産をなくして路頭に迷うことはない。

重要となる考え方③　大きな流れ・タイミングを見極める

リスクを取るにあたって、タイミングを見極めることは特に重要だ。と言っても、株価の暴落時期をピタリと予測するような、半ば「バクチ」のようなことを言っているのではない。それぞれの資産クラスにおいて、恐慌などの有事にどのような値動きをし得るのか、その傾向を大まかに把握し、急落前にあらかじめ売っておく／急騰前にあらかじめ買っておく、という程度でよい。この程度のタイミングですら、きちんと対応できていれば資産を十分に殖やすことも可能となる。

重要となる考え方④　もっとも激動の時こそ最大のチャンス

サーフィンの世界では、ビルの六、七階分もあるようなビッグウェーブに乗ることを醍醐味とする人々がおり、それこそ台風が直撃し悪天になると喜んで海に出る者もいる。「命知らず」とはまさにこのことだが、荒れている時ほど妙味が増すというのは、実は投資の世界にも共通する。

サーフィンとは異なり、投資では適切な方法に限定すれば命の危険はなく（逆に言えばやり方がまずいとサーフィン以上にすぐ死ねる）、さらに何度でも挑戦してチャンスをものにすることができる。「資産家は恐慌時に生まれる」という言葉通り、実は激動期の相場ほど変動幅が増幅し、短期的に大きな収益を得る可能性も高まる。もちろん、大多数が資産を失う「恐ろしく慌しい」状況だからこそ「恐慌」なのだが、「人々が恐れ慄《おのの》く状況」とわかって乗り込んで行けば、工夫のしようはいかようにもある。過度に恐れず果敢に挑んでほしい。

こうした考え方に基づいていよいよ具体的な策を講じるわけだが、実はその気になれば株式市場でも、はたまた不動産やＦＸですらそうした勝負を行なうことはできる。しかし、「リスクを取る」やり方の中でも、私が特にお勧めしたい具体策を三つ挙げておこう。この三つにとらわれる必要はまったくないが、ぜひ参考としていただきたい。

お勧めの具体策①　海外ファンド

まず私がお勧めしたいのは「海外ファンド」だ。海外ファンドは、金融のプロが世界中の様々な市場や投資対象を相手に、様々な手法を駆使して収益を目指す金融商品で、現在、その数は数万とも十数万とも言われる。素人が自ら投資をするのではなく、ファンドに資金を預けてプロに運用してもらうという点で非常に取り組みやすく、また自分で運用するよりリスクを抑えた運用が期待できる。

海外ファンドは、その戦略によって実に様々な相場局面で収益を獲得するが、中でも恐慌時に力を発揮し、収益を上げる特殊な戦略があるのだ。その「特殊な運用戦略」とは日本ではあまり有名ではなく、また金融のプロや一部の投資マニア的な人たちにしか知られていないが、手法自体は三〇年近く前から知られており、その実力は実証ずみである。その戦略こそ、「ＭＦ戦略」だ。

「ＭＦ戦略」の「ＭＦ」とは、Managed Futures（マネージド・フューチャーズ）の頭文字をとったもので、先物（フューチャーズ）取引をある管理手法

（マネージド）を使って行なうといったものだ。この「先物取引を行なう」という点がミソである。

株式投資など一般的な投資では、ある投資対象を「買い建て」し、価格が上昇したら「決済売り」することでしか利益を得られない。恐慌相場ではほとんどすべての投資対象が下落基調となるため、何を買っても儲からない上、うっかり「買い建て」していたものがあれば、それが莫大な含み損を生む。しかし、先物取引では「買い建て」して「決済売り」するだけでなく、「売り建て」して「決済買い」するということもできる。値段が高い投資対象をまず「売って」おいて、値段が下がったら「買い戻し」することで利益を得られるのだ。

これと同じことを私たち素人がやっても儲かるか、と言えばさにあらず。先物取引と言えば、一九八〇年代から九〇年代にかけて金《きん》先物の取引などが一時ブームとなったことを記憶している方もいるだろう。先物取引では、少ない軍資金で大きな額の取引ができるため、やり方次第では大きく収益を取れる半面、極めて高リスクな取引にもなり得る。実際、八〇年代当時には投資額の何倍も

先物はうまく使えば恐慌相場でも

現物資産（株式など）の収益獲得方法

安く買う → 高く売る

※上昇相場でしか利益が取れない

先物取引での収益獲得方法

安く買う→高く売る

高く売る→安く買い戻す

※恐慌相場などの下落相場では「売り」から入ることでも利益が取れる

の莫大な損失を出して、自己破産したり自殺したりした人が続出して大きな社会問題となった。このことから、先物取引を「よくわからない、危険な取引」という悪いイメージでとらえている方も多いかもしれない。

しかしこのMF戦略では、プロが戦略を設計し、実際の取引ではコンピュータがあらかじめ組まれたプログラムに基づいて自動的に売り買いを行なう。つまり、「高リスク」な先物取引をコンピュータで「管理」することで、リスクを抑えつつ利益を上げることを可能としているのだ。

その管理手法の代表的なものを紹介しよう。「トレンドフォロー」というやり方だ。「トレンドフォロー」とは「相場の流れを後追いする」手法で、相場が一定方向にトレンドを形成している場面ではひたすら収益を取ることができるが、相場の転換点では確実に損失を出すというものだ。実際のファンドでは、相場の方向をコンピュータで管理し、上昇相場では買い、下落相場では売りの自動売買をすることで、非常に多くの先物市場に分散投資し効率よく収益を狙う。

このような手法は個人で行なうことは極めて難しい。まず、こうしたプログ

トレンドフォローの原理

相対的に収益が損失を上回ることを目指す戦略

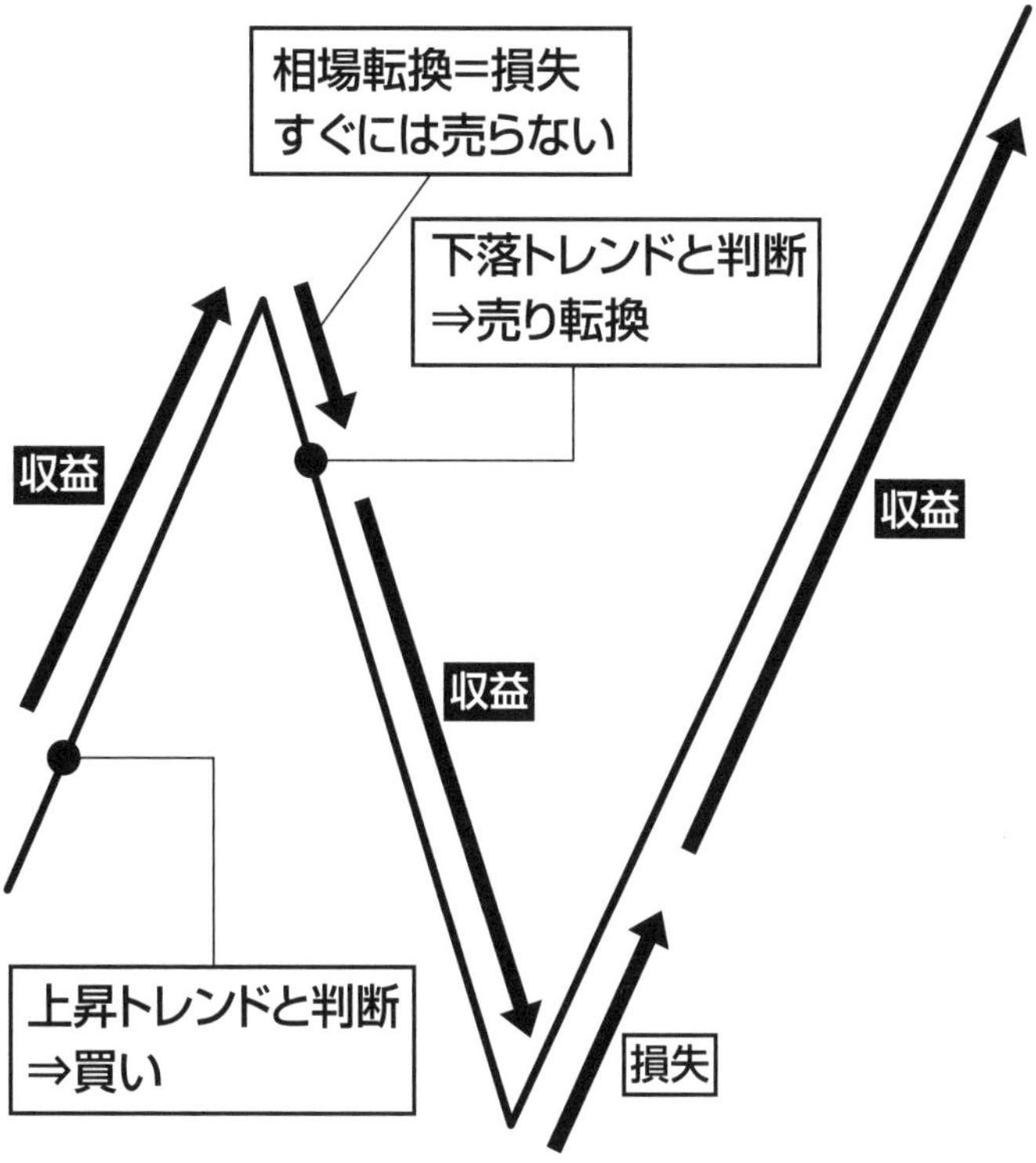

ラムを作ることが困難だが、仮にできたとしても資金面で実現はできないだろう。先物取引を行なうには多額の証拠金が必要となる。しかも、リスク分散のために世界中の多くの先物市場に分散するとなれば、様々な国で取引口座を開設し、証拠金を入れる必要がある。それらを管理し、適切な運用成績になるようにプログラムを修正し——どれほど莫大な労力か想像が付くだろう。

したがって、こうした有用な方法を活用するには、「MF戦略の海外ファンドに投資する」のがもっとも賢明で簡単な方法である。

参考までに、この「MF戦略」の海外ファンドの運用成績について見て行こう。先の恐慌的相場といえば、一〇〇年に一度と称される二〇〇八年のリーマン・ショックだ。アメリカを筆頭に世界中の株価は四〇%以上もの暴落を見せた他、世界中に約数万あると言われる海外ファンドもほとんどがマイナスに沈んだ。中には、運用資産のほとんどを消失して解散したファンドも少なくない。

しかしこの時、「MF戦略」を採用したファンドは軒並み大幅な収益を上げたのである。中には、年五〇%という驚異的な利益を上げたものすらあった。振り返ってみると、さらにその前のＩＴバブル崩壊などでも収益を上げており、恐慌相場での強さが際立っていることがわかるのだ。

ただ、有事に強い「ＭＦ戦略」と言っても決して万能ではない。二〇〇八年のリーマン・ショック直後までは、「ＭＦ戦略」のファンドは絶好調と言ってよい成績を叩き出していたが、それ以降はその勢いがパッタリと止み、はかばかしい成果を挙げられなくなったのである。先進国の金融緩和で市場環境が大きく変わり、戦略が効かなくなってしまったのが主な理由と考えられる。二〇一ページに、「ＭＦ戦略」の代表的ファンドの地位にある英国商社系の「Ａファンド」の運用成績を乗せているが、チャートを見ればそれが一目でわかる。

この事実を見てしまうと、「もう、ＭＦ戦略は通用しないのではないか?」という疑問をお持ちになるかもしれないが、実は決してそうではない。二〇〇九年以降のＭＦ戦略ファンドの全体的な動きを見て行くと、二〇一四年の後半にかけてＭＦ戦略のファンドが軒並み大きく収益を取っている。これは、アメリカが金融緩和の出口を模索し始めたことに象徴される、世界経済の「危機対応モード」からの脱却と、原油価格の暴落、ユーロ安、ポンド安の進行など、明確な市場トレンドが出たことが原因である。

また、二〇一九年前半から中盤にかけては、緩やかながら収益を獲得するMF戦略のファンドも多かった。この時期は、景気後退懸念がささやかれていたものの世界経済は比較的穏やかで、緩やかな相場の上昇トレンドが収益に貢献したのだ。つまり、「MF戦略」のファンドは以前に比べて爆発的な収益力は持たないものの、決して時代遅れの「死に体」戦略ではなく、大きな相場が形成されればこれからも収益を獲得し得るということだ。そのことをしっかり踏まえてじっくり取り組めば、次なる恐慌局面では資産防衛どころか、大きく収益を上げることも大いに期待できる。

なお、このような有用な海外ファンドの情報について、私は長年国家破産研究と並行して情報収集、評価を行なってきた。そのノウハウを元にした海外ファンドへの投資助言を行なう日本でも極めて珍しい会員制組織「ロイヤル資産クラブ」「自分年金クラブ」を二〇年以上にわたって主宰している。ここでは、

MF戦略を作った「Aファンド」のチャート

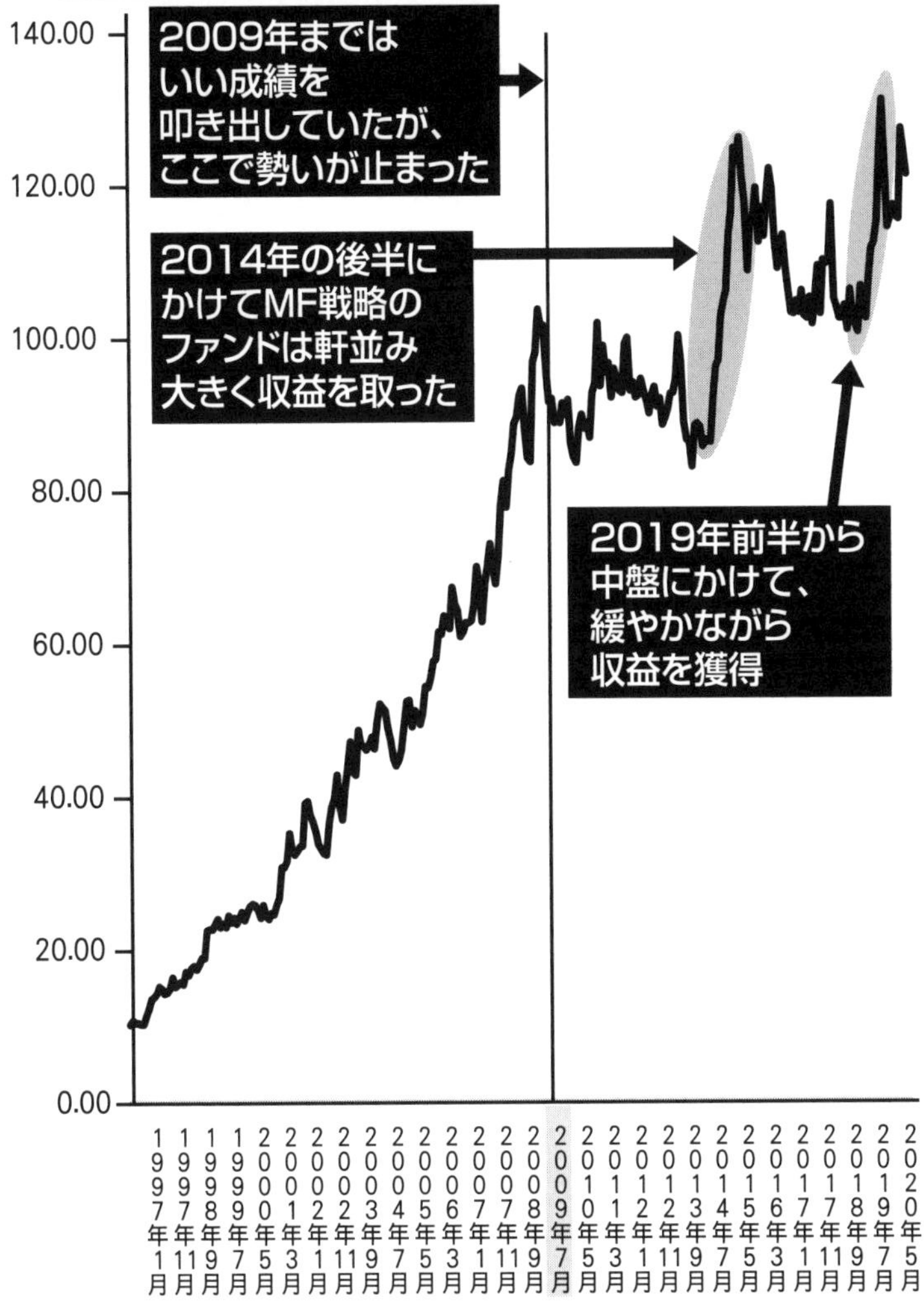

ＭＦ戦略を用いたファンドももちろんのこと、日本ではあまり目にすることのないユニークな戦略や特長を持ったファンドの情報を提供し、また具体的な投資に関する助言を行なっている。高い信頼性を持つこうした情報を活用することは、リスクを取った投資を行なう上で極めて重要な点となる。海外ファンドへの投資を検討される方には、ぜひともこれらのクラブを活用することを検討していただきたい（詳細は二二三ページを参照）。

お勧めの具体策②　現物資産

二つ目は、恐慌期にあえて「現物資産を持つ」というやり方だ。一般的に、恐慌時にはデフレ基調となるため、資産を「モノ」で持つやり方は悪手となる。株や不動産も手放してしまった方がよいのはそうした理由からだが、そこをあえて「恐慌時に買う」という方法を取るのである。これは一種の逆張り的思考と言えるだろう。

具体的に言おう。一つ目は「恐慌時の金《きん》買い」だ。個人の戦術⑦で金《きん》の保有に触れたが、実は金《きん》の保有は「少量をコツコツ購入」という方法の他に、応用と言うべきもう一つのやり方がある。それが「恐慌時を狙って買う」というものだ。

実は、「有事の金《きん》」と言われる金《きん》の価格は、恐慌局面入りするとずっと上昇するのではなく、逆に恐慌の初期から中期にかけては一時的に下落するという傾向がある。その現象が顕著だったのが二〇〇八年のリーマン・ショックだ。

リーマンブラザーズ破綻の直前である二〇〇八年八月の金《きん》価格は一トロイオンス八三〇〜九一〇ドル程度だったが、翌九月には六八一ドルという最安値を付けている。日本においても、八月まではおおむね一グラム三〇〇〇円台で推移していたが、九月には二二九九円と二五％近くもの下げを記録している。しかし、いずれの価格もその後数ヵ月で急回復し、以前の価格を大きく上回っているのだ。

恐慌初期には、金《きん》を保有する金融機関や企業などが大量の金《きん》を売り出すことが多い。それは、急激な資金繰りの悪化によって現金化しやすい金《きん》をやむなく手放すといった事情が絡んでいる。一時的に大量の金《きん》売りが出て相場が下がっても、恐慌が続けばやがて「有事の金《きん》」の格言通り、資産を防衛するために金《きん》買いが集中するようになるのだ。ある種、恐慌局面に普遍的な「資金繰り悪化」が招く現象であるため、次なる恐慌局面でも同様の動きを見せる可能性は高いというわけだ。したがって、今のうちから余剰資金をしっかり握りしめておき、恐慌によって金《きん》価格が急落した瞬間を狙い撃ちにするという方法は、金《きん》を「お得に」買う方法としては悪くないだろう。

ただ、ある程度まとまった量を買う場合は、こうしたやり方はあまりお勧めしない。ある意味「博打」のようなタイミング勝負であり、チャンスを逃してしまえば結局お得ではない金《きん》を買うことになるためだ。あくまでも、金《きん》に振り向ける余剰資金の一部として考えておくのがよいだろう。

そしてもう一つ、あえてこの時期に保有すべき現物資産についても触れておこう。それは「ダイヤモンド」だ。

金《きん》は、もっとも優れた恐慌対策になり得るが、一方で弱点もある。それは、恐慌の後に到来するであろう国家破産時に扱いに困るという点だ。金《きん》は、有史以来その希少性からその極めて高い価値を認められてきた。したがって、国家破産の有事には財産として没収されるリスクが高まるのだ。実際、アメリカでは世界恐慌後の一九三三年に事実上の金《きん》没収令（大統領令六一〇二）が施行されたし、一九九八年のアジア通貨危機では、国家救済のためとして「金《きん》供出運動」が行なわれた。日本でも、正史ではないが太平洋戦争終了直後にはGHQが全国の豪商や豪農などの蔵を開けさせ、金《きん》を徴発しようとしたという話が残っている。

また、金《きん》は重く持ち運びにくい上、税関などの金属探知機にも引っかかるため、究極事態で財産を持って逃げようにも、保有が捕捉されてしまうリスクが高い。さらに、そうした時期には偽物が横行して換金が難しくなるという問題もある。

こうした現物資産としての扱いにくさを補完できるのが、ダイヤモンドというわけだ。金《きん》と同様に高額だが、金《きん》よりもはるかに小さく軽く、持ち運びも容易であり、金属探知機などでも捕捉されない。金《きん》と異なり、当局が注目して没収・徴発する危険も極めて小さい。現物資産としての要件の多くを満たしているのだ。

ただ一点、致命的ともいうべき問題がある。それは、一般的にダイヤモンドは金《きん》と比べて著しく換金性が悪いという点だ。ダイヤモンドは多くの場合、指輪やネックレスなどの宝飾品として加工され、宝石店や百貨店で売られているが、こうしたダイヤモンドは売る時にはほとんどが二束三文の値段しかつかない。宝飾品としてのダイヤは、デザインや加工といった付加価値に加えてブランドに対する価値も上乗せされた「極めて割高」なものになっているためだ。

また、ダイヤは金《きん》のような確立された市場がないため、多くの買い取り業者にとってその後の転売ルートを確保しづらい。必然的に「安く買い叩く」形になってしまうのだ。

しかし、こうした問題に私は極めて有効な解決方法を見出した。それは、「正しい売買ルートを選ぶ」ということだ。どういうことかというと、適切な購入・売却ルートを確保できる業者から購入し、そこに売却を依頼するということである。ダイヤモンドには、その道のプロのみがアクセス可能な国際的なオークション市場が存在する。こうしたオークション市場では、実は一定品質以上のダイヤが比較的安定した価格で売買されているのだ。

ダイヤモンドは一点一点の品質が異なるが、オークション市場では重さや品質などの分類によって実勢価格が大体決まっており、定期的にその取引価格のレポートまで出ている。しかも衝撃的なことに、その価格は大体デパートや有名宝飾ブランドの店頭価格の三分の一程度だ。

幸いなことに、私はこのプロ向けダイヤモンドオークション市場に直接アクセスでき、そして極めて公正な価格で個人のダイヤモンド売買を仲介してくれるプロ業者の方に巡り合うことができた。目下のところ、これに比肩する優良業者は少なくとも日本国内では他に知らない。

ただ、このような情報はそう出回らないことと、また本来の（宝飾品としての）ダイヤモンド購入とはかなり異なるルートであるため、あまり公には紹介していない。そこで、ダイヤを活用した資産防衛に関心がある方を対象とした、こうした情報をお伝えする「ダイヤモンド情報センター」を開設した。巻末の二三三ページにその情報を掲載しているのでぜひご参考いただきたい。

なお、当然だがプロ向け市場では厳正な鑑定を受けた真正品しか取引されない。したがって、そこを通じて購入した物は間違いなくホンモノであり、また売却もオークションを通じれば適正価格で行なってくれるので安心である。

正しいルートが確保され、資産防衛に役立つとなれば、次に気になるのが「どの程度のダイヤが資産防衛に適切か」という点だ。これは、二〇九ページの図に要点をまとめたのでぜひ参考にしていただきたい。

なぜこのぐらいの品質、重さがよいかというと、需要も供給もそれなりに多いため比較的価格が安定しており、ゆえに売買価格差も著しく乖離することが少ないためだ。市井での価格は大体一三〇～一五〇万円程度が相場と言われるが、オークション市場ではもう少し安い価格で取引されている。

なお、ある程度まとまった資産をダイヤモンドとして保有する場合でも、大

資産防衛としてのダイヤの要件

カラット（重さ）	1カラット程度
クラリティ（透明度）	VVS2以上
カラー（色）	F以上
カット	GOOD以上
鑑定書	GIAの鑑定書が必須

きなダイヤを買うのではなく、一カラットクラスのものを何個か保有するとよい。大きいダイヤは値段もそれなりになるが、一方で需給に波があるため、売りたい時に買い手がつかないと不利な価格になってしまうことも多いためだ。

また、資産防衛目的の場合は、宝飾品に加工されたものではなく、いわゆる「ルース」（石単体）の状態で保有することを強く勧める。指輪などになっているものは、専門業者が加工しておりその分デザイン料や加工賃が上乗せされていて割高になっているためだ。また、加工時に石に細かい傷が付いたりして、売却時に評価が下がる恐れもある。

当然であるが、本物であることが公に証明されているものを選ぶことは必須だ。加えて、ダイヤモンドは個々の品質がまちまちなため、その品質についても正しく評価されていなければいけない。したがって、信頼できる鑑定書が付いた、確かな品質のものを選ぶことが重要だ。世界にはいくつかの鑑定機関があるが、中でも米国系のＧＩＡは広く世界中で通用し、現在のところもっとも汎用性が高い。日本国内ではＡＧＬ（宝石鑑別団体協議会）の鑑定品も多く流通しているが、将来的に国家破産時などダイヤを持って海外に避難することを考えると、国内鑑定機関のものより海外のものの方が有利だろう。

その他にも、保管方法についてなど細かい注意点はまだあるが、ここでは紙幅の都合上割愛する。これらの点についてより詳しく知りたいという方も、まずは「ダイヤモンド情報センター」（二三三ページ参照）にお問い合わせいただきたい。

お勧めの具体策③　究極の「チャンス獲得法」について

最後に、日本国内でできる様々な投資のうち、私が知り得る限りでもっとも積極的、あるいは攻撃的と言える方法を挙げよう。それは、別の言い方をすれば「激動期にもっとも妙味を増す投資」ということになる。その投資法とは「オプション取引」だ。

ただ、大きな魅力があるにも関わらず、恐らく数多ある投資の中でもかなり認知度は低いだろう。そんなメジャーとは言えない「オプション取引」を、究極の方法として挙げるのには理由がある。何より最大の魅力は、少額の取引からでも爆発的な収益を叩き出せる点だ。たとえば、不動産取引では価格が倍になることはそうめったにない。株式でも株価が一〇倍になればかなり「お宝」と呼ばれる。前述した海外ファンドも年率数十％程度も取ればかなり「攻めた運用」と評価されるだろう。金《きん》やダイヤも、どんなに価格が暴騰しても短期間で数倍になることはかなりまれだ。それに対し、「オプション取引」は桁違いの収益性を誇る。なんと、わずか数日～数週間で数十～数百倍、もっともすさまじい局面では一〇〇〇倍もの収益を叩き出すのだ。

そして、オプション取引でこれほどの収益が出る局面とは「大荒れ」の相場、まさに恐慌相場のような大変動局面である。実際、今年三月の「コロナショック」でも一〇〇〇倍近くに暴騰した銘柄が誕生したし、二〇〇八年の金融危機時には一〇〇〇倍を軽く超える銘柄が生まれている。一〇〇～二〇〇倍程度なら数年に一度は出ており、継続的に取り組めば極めて魅力的な収益機会に巡り合うことができるのだ。

しかし、これほどの威力があるとなれば、逆に損失も甚大なものになるのではないかと不安になるが、実はそうではない。オプション投資は、適切な方法を選べば投資額以上の損失は受けないのだ。それでいて、これほどの恩恵を受けられるのだから、これを生かさない手はないだろう。

ただし、オプション取引は他の投資に比べると最初に覚えるべきことが格段に多いのが難点だ。株のように「なんとなく知っている銘柄を買って、値上がりすれば利益」というようには行かないのだ。値動きの特徴やどのような時に利益が獲得できるのか、「限月」「ＳＱ」といった独特の決まりごとなどを理解しておかなければ、「沼地にひたすら賽銭を投げるだけ」に等しい結果となる。この「最初のとっつきづらさ」こそが、これだけ魅力にあふれる投資がメジャーになれない理由だろう。

という話をすると、「なんだか難しそうだ」「自分にはできない」と考えてしまうかもしれないが、そんなことはない。どんな投資でも結局ある程度の勉強は必要になる。その労力に見合うだけの可能性という点で言えば、オプション取引ほど労力に対する果実が大きいものは他にないだろう。

また、オプション取引を使いこなせるほどになると、他の投資を理解することはかなり容易になる。自分の「投資力」の幅を広げるにも大いに有用なのだ。ぜひとも皆さんには、大いに奮起して挑戦してみていただきたい。

なお、紙幅の関係上ここでは「オプション取引」の魅力やルール、注意点などを詳しくお伝えすることはできない。せっかくここまでお読みいただいた皆さんに、その魅力を一端でもお伝えできないのは非常に残念なことだ。そこで、私は次著『コロナ恐慌で財産を10倍にする秘策』（第二海援隊刊：八月上旬発刊予定）にてオプション取引をなるべくわかりやすく、そして詳しくお伝えすることにした。もし「オプション取引」に少しでも関心を持った方は、ぜひとも手に取っていただきたい。あるいは、既刊の拙著『10万円を10年で10億円にする方法』（第二海援隊刊）をご参照いただいてもよいだろう。少々情報は古い部分もあるが、基本的なことを知るには好適である。

基本的な理解は書籍による座学のみでよいが、実際に投資を実践できるようになるためには、さらに他書を当たって独学し、さらに実際におためしで投資して経験を積むことが必要になる。こうした習熟は、一人で進めるのはなかなか難しいものがある。そこで、私が主宰する「オプション研究会」の活用もお勧めしたい。本当に初歩の初歩から懇切丁寧に指導し、取引ができるようになる上、相場急変時には推薦銘柄やタイミングなどの投資情報も配信している。独学よりもはるかに早く習熟し、次なる恐慌局面をチャンスに変えることも可能だろう（詳しくは二二六ページを参照いただきたい）。

新しい変化を笑って迎え入れ、たくましく乗り切ろう

本章ではサバイバルの具体的な戦術と、さらに具体策についても見てきた。ここまでお読みになった読者の皆さんに残されているのは、コロナ大不況対策の「実践あるのみ」である。これから訪れることを正しく理解し、そして適切に対策していれば、いかなる大不況（あるいは大恐慌）が到来するとしても、

何も恐れることはない。委縮して縮こまるのではなく、激動の時代にみられる変化の大波を、むしろ大いに楽しんでいただきたい。

また、「ピンチをチャンスに変える！」という気概を持って、ぜひ「お勧めの具体策」に挙げたことにも果敢に挑戦いただくことをお勧めする。

また、企業経営者の皆さんにおいては、極めて難しいかじ取りを迫られるご時勢であり、すでに大いに奮闘していることとは重々承知の上で一生に一度ともいうべき「コロナ禍」を生き残り、さらには転じて次なるビジネスチャンスをつかむべく、大いに奮闘していただきたい。皆さんの奮闘こそが、明日の日本の大いなる活力となるのから。私も皆さんに負けず、壮大な野望と気概を持ってさらなる奮闘を続け、そしてこれからの時代を大いに楽しみたいと思う。

皆さんのこれからの活躍と成功を祈っている！

エピローグ

勇気と覚悟をもって
たくましく生き残れ

すさまじい時代を生き残るために

この世の中には、数十年に一度、あるいは一〇〇年に一度の割合で、とんでもない出来事がやってきて、経済が根本からひっくり返ってしまう。

近代の日本でいえば、一度目が幕末〜明治維新（混乱が本当に落ち着くのは明治一〇年の西南戦争の後）にかけて、二度目が昭和恐慌＋世界恐慌〜太平洋戦争敗戦（混乱が落ち着くのは一九五〇年の朝鮮戦争後）、そして三度目が一九九〇年のバブル崩壊（混乱が落ち着くのは二〇〇六年頃）、さらに今回は四度目の「とんでもない出来事」と言える。今回は二〇〇八年のリーマン・ショックが第一波、そして二〇二〇年のコロナショックが第二波、さらに数年後にくる日本国破産が第三波と見ることができる。いずれにしても、これから人生に一度と言ってよい〝すさまじい時代〟が始まる。

こうした激動と混乱の時代に三つの重要なことがある。一つ目は自分の財産を守ること。二つ目は健康をしっかり維持すること。そして三番目は長期的な戦略と哲学を持つことだ。

この三つの中でもとりわけ重要なのが一番目の「財産保全」だ。これさえうまくやっていれば、二番目も三番目もなんとかなる。貧すれば鈍するの言葉通り、財産を失うと人は何もできなくなる。そのためにもぜひ本書の内容を活用してほしいし、何回も熟読されてポイントを頭に叩き込んでほしい。

なにしろ、これから壮大なサバイバルゲームが全地球規模で始まるのだ。それは命と財産をかけた容赦ない〝イス取りゲーム〟だ。本書をバイブルとしてあなたも勝者の座を勝ち取っていただきたい。

二〇二〇年七月吉日

浅井　隆

■今後、『コロナ恐慌で財産を10倍にする秘策』『巨大インフレと国家破産』『ワイフ・ロボット』（すべて仮題）を順次出版予定です。ご期待下さい。

浅井隆からの重要なお知らせ

——恐慌および国家破産を勝ち残るための具体的ノウハウ

厳しい時代を賢く生き残るために必要な情報収集手段

私が以前から警告していた通り、今や世界は歴史上最大最悪の二京七〇〇〇兆円という額の借金を抱え、それが新型コロナをきっかけとして逆回転し始めています。中でも日本の借金は先進国中最悪で、この国はいつ破産してもおかしくない状況です。そんな中、あなたと家族の生活を守るためには、二つの情報収集が欠かせません。

一つは「国内外の経済情勢」に関する情報収集、もう一つは「海外ファンド」や「海外の銀行口座」に関する情報収集です。これらについては、新聞やテレビなどのメディアやインターネットでの情報収集だけでは十分とは言えません。私はかつて新聞社に勤務し、以前はテレビに出演をしたこともありますが、その経験から言えることは「新聞は参考情報。テレビはあくまでショー（エンターテインメント）」だということです。インターネットも含め誰もが簡単に入手できる情報でこれからの激動の時代を生き残って行くことはできません。

皆さんにとって、もっとも大切なこの二つの情報収集には、第二海援隊グループ（代表：浅井隆）が提供する特殊な情報と具体的なノウハウをぜひご活用下さい。

◆〝恐慌および国家破産対策〟の入口「経済トレンドレポート」

電子版も開設予定!!

皆さんに特にお勧めしたいのが、浅井隆が取材した特殊な情報や、浅井が信頼する人脈から得た秀逸な情報をいち早くお届けする「経済トレンドレポート」です。今まで、数多くの経済予測を的中させてきました。

そうした特別な経済情報を年三三回（一〇日に一回）発行のレポートでお届

けします。初心者や経済情報に慣れていない方にも読みやすい内容で、新聞やインターネットに先立つ情報や、大手マスコミとは異なる切り口からまとめた情報を掲載しています。

さらにその中で恐慌、国家破産に関する『特別緊急警告』『恐慌警報』『国家破産警報』も流しております。「激動の二一世紀を生き残るために対策をしなければならないことは理解したが、何から手を付ければよいかわからない」「経済情報をタイムリーに得たいが、難しい内容にはついて行けない」という方は、まずこの経済トレンドレポートをご購読下さい。経済トレンドレポートの会員になられますと、講演会など様々な割引・特典を受けられます。

詳しいお問い合わせ先は、㈱第二海援隊まで。

恐慌・国家破産への実践的な対策を伝授する会員制クラブ

国家破産対策を本格的に実践したい方にぜひお勧めしたいのが、第二海援隊の一〇〇%子会社「株式会社日本インベストメント・リサーチ」（関東財務局長（金商）第九二六号）が運営する三つの会員制クラブ（「自分年金クラブ」「ロイヤル資産クラブ」「プラチナクラブ」）です。

まず、この三つのクラブについて簡単にご紹介しましょう。「自分年金クラブ」は、資産一〇〇〇万円未満の方向け、「ロイヤル資産クラブ」は資産一〇〇〇万〜数千万円程度の方向け、そして最高峰の「プラチナクラブ」は資産一億円以上の方向け（ご入会条件は資産五〇〇〇万円以上）で、それぞれの資産規模に応じた魅力的な海外ファンドの銘柄情報や、国内外の金融機関の活用法に関する情報を提供しています。

恐慌・国家破産は、なんと言っても海外ファンドや海外口座といった「海外の活用」が極めて有効な対策となります。特に海外ファンドについては、私たちは早くからその有効性に注目し、二〇年以上にわたって世界中の銘柄を調査してまいりました。本物の実力を持つ海外ファンドの中には、恐慌や国家破産といった有事に実力を発揮するのみならず、平時には資産運用としても魅力的なパフォーマンスを示すものがあります。こうした情報を厳選してお届けするのが、三つの会員制クラブの最大の特長です。

その一例をご紹介しましょう。三クラブ共通で情報提供する「ATファンド」は、先進国が軒並みゼロ金利というこのご時世にあって、年率六〜七％の収益を安定的に挙げています。これは、たとえば三〇〇万円を預けると毎年約二〇万円の収益を複利で得られ、およそ一〇年で資産が二倍になる計算となります。しかもこのファンドは、二〇一四年の運用開始から一度もマイナスを計上したことがないという、極めて優秀な運用実績を残しています。日本国内の投資信託などではとても信じられない数字ですが、世界中を見渡せばこうした優れた銘柄はまだまだあるのです。

冒頭にご紹介した三つのクラブでは、「ATファンド」をはじめとしてより高い収益力が期待できる銘柄や、恐慌などの有事により強い力を期待できる銘柄など、様々な魅力を持ったファンド情報をお届けしています。なお、資産規模が大きいクラブほど、取扱銘柄数も多くなっております。

また、ファンドだけでなく金融機関選びも極めて重要です。単に有事にも耐え得る高い信頼性というだけでなく、各種手数料の優遇や有利な金利が設定されている、日本にいながらにして海外の市場と取引ができるなど、金融機関も様々な特長を持っています。こうした中から、各クラブでは資産規模に適した、魅力的な条件を持つ国内外の金融機関に関する情報を提供し、またその活用方法についてもアドバイスしています。

その他、国内外の金融ルールや国内税制などに関する情報など資産防衛に有用な様々な情報を発信、会員様の資産に関するご相談にもお応えしております。浅井隆が長年研究・実践してきた国家破産対策のノウハウを、ぜひあなたの大切な資産防衛にお役立て下さい。

詳しいお問い合わせは「㈱日本インベストメント・リサーチ」まで。
TEL：〇三（三二九一）七二九一　FAX：〇三（三二九一）七二九二
Eメール：info@nihoninvest.co.jp

◆「オプション研究会」

「コロナ恐慌」の到来によって、世界はまったく新たな激動の局面に突入しました。この深刻な危機に対し、世界各国で「救済」という名のバラマキが加速しています。しかしながらこれは、「超巨大恐慌」という私たちの想像を絶する怪物を呼び寄せる撒き餌に他なりません。この異形の怪物は、日頃は鳴りを潜めていますが、ひとたび登場すれば私たちの生活と完膚なきまでに破壊し、資産を根こそぎ奪い去るだけにとどまりません。最終的には国家すら食い殺し、破綻させるほどに凶暴です。そして、次にこの怪物が登場した時、その犠牲の筆頭となる国は、天文学的な政府債務を有する日本になるでしょう。

このように、国家破産がいよいよ差し迫った危機になってくると、ただ座しているだけでは資産を守り、また殖やすことは極めて難しくなります。これからは様々な投資法や資産防衛法を理解し、必要に応じて実践できるかが生き残りのカギとなります。つまり、投資という武器をうまく使いこなすことこそが、激動の時代の「必須のスキル」となるのです。

しかし、考え方を変えればこれほど変化に富んだ、そして一発逆転すら可能な時代もないかもしれません。必要なスキルを身に付け、この状況を果敢に乗りこなせば、大きなチャンスを手にすることもできるわけです。積極的に打って出るのか、はたまた不安と恐怖に駆られながら無為に過ごすのかは「あなた次第」なのです。

現代は、実に様々な投資を誰でも比較的容易に実践することができます。しかしながら、それぞれの投資方法には固有の勘所があり、また魅力も異なります。戦国の世には様々な武器がありましたが、それら武器にも勘所や強みが異なっていたのとまさに同じというわけです。そして、これから到来する恐慌・国家破産時代において、もっともその威力と輝きを増す「武器」こそが「オプション取引」というわけです。本書でも触れている「オプション取引」の魅力を今一度確認しておきましょう。

・非常に短期（数日～一週間程度）で、数十倍～数百倍の利益を上げることも可能

・しかし、「買い建て」取引のみに限定すれば、損失は投資額に限定できる

・恐慌、国家破産などで市場が大荒れするほどに収益機会が広がる

・最低投資額は一〇〇〇円（取引手数料は別途）

・株やＦＸと異なり、注目すべき銘柄は基本的に「日経平均株価」の動きのみ

・給与や年金とは分離して課税される（税率約二〇％）

もちろん、いかに強力な「武器」でも、うまく使いこなすことが重要です。もしあなたが、これからの激動期を「オプション取引」で挑んでみたいとお考えであれば、第二海援隊グループがその習熟を「情報」と「助言」で強力に支援いたします。二〇一八年一〇月に発足した「オプション研究会」では、オプション取引はおろか株式投資など他の投資経験もないという方にも、道具の揃

え方から基本知識の伝授、投資の心構え、市況変化に対する考え方や収益機会のとらえ方など、初歩的な事柄から実践にいたるまで懇切丁寧に指導いたします。これからの「恐慌経由 国家破産」というピンチをチャンスに変えようという意欲がある方のご入会を心よりお待ちしています。

担当 山内・稲垣・関

「㈱日本インベストメント・リサーチ オプション研究会」

TEL：〇三（三二九一）七二九一　FAX：〇三（三二九一）七二九二

Eメール：info@nihoninvest.co.jp

◆オプション・デイトレ集中セミナー

「オプション取引」は、これからの激動の時代により光を放つ極めて魅力的な投資法の一つですが、その幅をさらに広げるのが「オプション・デイトレ」です。

「デイトレ」は投資方法の一形態であり、オプションに限らず株式やFXなどでも実践可能です。ただし、通常のオプション取引と比べると抑えるべき勘所や考え方が異なってきます。そのため、どのような心構えで取り組み、何に気を付けるべきか、どのような情報や考え方が必要かも大きく変わってきます。

そこで、皆様の「新たな投資スキル」を身に付けていただくための導入編として、「オプション・デイトレ集中セミナー」を左記日程で開催いたします。「オプション取引」と「デイトレ」を実践するにあたって、知識・道具・考え方(心得)を短期間で網羅する格好の機会です。ぜひ、奮ってご参加ください！

◆オプション・デイトレ集中セミナー(全3回) 日程

第1回 二〇二〇年一〇月一日(木)
第2回 二〇二〇年一一月二日(月)
第3回 二〇二〇年一二月一一日(金)
各日とも一一時～一六時(途中一時間休憩あり)
参加費 二〇万円(全三回 部分参加は原則不可)

この集中セミナーに先立って、オプション取引を使ったデイトレードの魅力について知りたい方は、浅井隆著『デイトレ・ポンちゃん』（第二海援隊刊）にて詳しく紹介していますので合わせてご参考ください。

◆「オプション取引」習熟への近道を知るための二つの「セミナーDVD・CD」発売中

「オプション取引」の習熟を全面支援し、また取引に参考となる市況情報なども提供する「オプション研究会」、そして「オプション・デイトレ」実践に向けた必要事項を全三回のセミナーで網羅する「オプション・デイトレ集中セミナー」のそれぞれについて、その概要を知ることができる「ＤＶＤ・ＣＤ」を用意しています。

◆「オプション研究会」説明ＤＶＤ・ＣＤ

浅井隆自らがオプション投資の魅力と活用のポイントについて解説し、また専任スタッフによる「オプション研究会」の具体的内容を説明した「オプション研究会　無料説明会」（二〇一八年一二月一五日開催）の模様を収録したＤＶ

D・CDです。「浅井隆からのメッセージを直接聞いてみたい」「オプション研究会への理解を深めたい」という方は、是非ご入手ください。

「オプション研究会 無料説明会 受講DVD／CD」（約一六〇分）

価格　DVD　三〇〇〇円（送料込）
　　　CD　　二〇〇〇円（送料込）

※お申込み確認後約一〇日でお届けいたします。

◆「オプション・デイトレ集中セミナー」説明CD

全三回で開催する「オプション・デイトレ集中セミナー」について、今少しその内容を詳しく知りたい向けに「オプション・デイトレ集中セミナー説明CD」をご用意しました（実費三〇〇〇円 送料込）。オプション取引とデイトレードの習得に向けて、どのような準備や情報が必要なのか、どのような注意点があるのかなど、枠組みをとらえるのに好適です。

また、CD中には「オプション・デイトレ」の他にも、日本の財政危機に備える資産防衛法を助言する「ロイヤル資産クラブ」「自分年金クラブ」についてや、第二海援隊グループが考える激動期の資産運用の在り方について、概要を解説しています。

これらDVD・CDに関するお問い合わせは、「㈱日本インベストメント・リサーチ オプション研究会担当」まで。

TEL：〇三（三二九一）七二九一　FAX：〇三（三二九一）七二九二
Eメール：info@nihoninvest.co.jp

◆「ダイヤモンド投資情報センター」

現物資産を持つことで資産保全を考える場合、小さくて軽いダイヤモンドは持ち運びも簡単で、大変有効な手段と言えます。近代画壇の巨匠・藤田嗣治は第二次世界大戦後、混乱する世界を渡り歩く際、資産として持っていたダイヤモンドを絵の具のチューブに隠して持ち出し、渡航後の糧にしました。金《きん》（ゴールド）だけの資産防衛では不安という方は、ダイヤモンドを検討するのも一手でしょう。

しかし、ダイヤモンドの場合、金《きん》とは違って公的な市場が存在せず、専門の鑑定士がダイヤモンドの品質をそれぞれ一点ずつ評価して値段が決まるため、売り買いは金《きん》に比べるとかなり難しいという事情があります。そのため、信頼できる専門家や取扱店と巡り合えるかが、ダイヤモンドでの資産保全の成否の分かれ目です。

そこで、信頼できるルートを確保し業者間価格の数割引という価格での購入が可能で、GIA（米国宝石学会）の鑑定書付きという海外に持ち運んでも適正価格での売却が可能な条件を備えたダイヤモンドの売買ができる情報を提供いたします。

ご関心がある方は「ダイヤモンド投資情報センター」にお問い合わせ下さい。

TEL：〇三（三二九二）六一〇六　担当：大津

◆『浅井隆と行くニュージーランド視察ツアー』

南半球の小国でありながら独自の国家戦略を掲げる国、ニュージーランド。浅井隆が二〇年前から注目してきたこの国が今、「世界でもっとも安全な国」として世界中から脚光を浴びています。核や自然災害の脅威、資本主義の崩壊に備え、世界中の大富豪がニュージーランドに広大な土地を購入し、サバイバル施設を建設しています。さらに、財産の保全先（相続税、贈与税、キャピタルゲイン課税がありません）、移住先としてもこれ以上の国はないかもしれません。

そのニュージーランドを浅井隆と共に訪問する、「浅井隆と行くニュージーランド視察ツアー」を毎年一一月に開催しております。なお、二〇二〇年一一月のニュージーランドツアーは新型コロナウイルスの影響により中止となりました。二〇二一年は秋に開催予定です。現地では浅井の経済最新情報レクチャーもございます。内容の充実した素晴らしいツアーです。ぜひ、ご参加下さい。

ＴＥＬ：〇三（三二九一）六一〇六　担当：大津

◆浅井隆のナマの声が聞ける講演会

著者・浅井隆の講演会を開催いたします。二〇二〇年下半期は東京・九月二五日（金）、名古屋・一〇月一六日（金）、大阪・一〇月二二日（木）、福岡・一〇月二四日（土）を予定しております。経済の最新情報をお伝えすると共に、生き残りの具体的な対策を詳しく、わかりやすく解説いたします。

活字では伝えることのできない肉声による貴重な情報にご期待下さい。

また、「新型コロナウイルス発生！　どうする日本⁉　どうなる二〇二〇年！」というテーマにて、

『浅井隆の緊急メッセージＤＶＤ／ＣＤ』（価格：ＤＶＤ、ＣＤ共八〇〇〇円〈送料込・会員割引あり〉）、

『中森貴和氏（帝国データバンク）×浅井隆緊急対談ＣＤ』（価格：二万円〈送料込・会員割引あり〉）

を販売中です。お早めにお求め下さい。

詳しいお問い合わせ先は、㈱第二海援隊まで。
■第二海援隊連絡先
TEL：〇三（三二九一）六一〇六　FAX：〇三（三二九一）六九〇〇
Eメール：info@dainikaientai.co.jp

◆第二海援隊ホームページ

第二海援隊では様々な情報をインターネット上でも提供しております。詳しくは「第二海援隊ホームページ」をご覧下さい。私ども第二海援隊グループは、皆さんの大切な財産を経済変動や国家破産から守り殖やすためのあらゆる情報提供とお手伝いを全力で行ないます。

また、浅井隆によるコラム「天国と地獄」を一〇日に一回、更新中です。経済を中心に長期的な視野に立って浅井隆の海外をはじめ現地生取材の様子をレポートするなど、独自の視点からオリジナリティあふれる内容をお届けします。

ホームページアドレス：http://www.dainikaientai.co.jp/

〈参考文献〉

【新聞・通信社】

『日本経済新聞』『読売新聞』『時事通信社』『ニューヨーク・タイムズ』

『ブルームバーグ』『ロイター』


【書籍】

『国家は破綻する　金融危機の800年』

（カーメン・M・ラインハート　ケネス・S・ロゴフ著　日経BP社）

『大恐慌の謎の経済学』（関岡正弘著　ダイヤモンド社）

【拙著】
『都銀、ゆうちょ、農林中金まで危ない⁉』（第二海援隊）
『株大暴落、恐慌目前！』（第二海援隊）
『2020年世界大恐慌』（第二海援隊）
『恐慌と国家破産を大チャンスに変える！』（第二海援隊）
『国家破産ベネズエラ突撃取材』（第二海援隊）
『アナタノシゴト、モウアリマセン』（第二海援隊）
『有事資産防衛 金か？　ダイヤか？』（第二海援隊）
『大恐慌サバイバル読本〈下〉』（第二海援隊）
『新型肺炎発 世界大不況』（第二海援隊）
『大不況サバイバル読本』（徳間書店）

【雑誌・その他】

『週刊ダイヤモンド』『週刊エコノミスト』『選択』

『経済トレンドレポート』


【ホームページ】

フリー百科事典『ウィキペディア』

『日本銀行』『東洋経済オンライン』『デイリー新潮』『現代ビジネス』

『MSN』『プレジデント・オンライン』『フジサンケイビジネスアイ』

『ダイヤモンド・チェーンストアオンライン』『ダイヤモンドオンライン』

『ウォール・ストリート・ジャーナル　日本語電子版』『man@bow』

『ニューヨークタイムズ』『ニューズウィーク』『BBC』『野村総合研究所』

『レコードチャイナ』『中央日報　日本語版』『看護roo!』『金融大学』

『ふくおかフィナンシャルグループ』『メディアレーダー』

『銀行員のための教科書』『Fly Team』『Aviation Wire』『HYPEBEAST』

〈著者略歴〉
浅井　隆　（あさい　たかし）
経済ジャーナリスト。1954 年東京都生まれ。学生時代から経済・社会問題に強い関心を持ち、早稲田大学政治経済学部在学中に環境問題研究会などを主宰。一方で学習塾の経営を手がけ学生ビジネスとして成功を収めるが、思うところあり、一転、海外放浪の旅に出る。帰国後、同校を中退し毎日新聞社に入社。写真記者として世界を股に掛ける過酷な勤務をこなす傍ら、経済の猛勉強に励みつつ独自の取材、執筆活動を展開する。現代日本の問題点、矛盾点に鋭いメスを入れる斬新な切り口は多数の月刊誌などで高い評価を受け、特に 1990 年東京株式市場暴落のナゾに迫る取材では一大センセーションを巻き起こす。
その後、バブル崩壊後の超円高や平成不況の長期化、金融機関の破綻など数々の経済予測を的中させてベストセラーを多発し、1994 年に独立。1996 年、従来にないまったく新しい形態の 21 世紀型情報商社「第二海援隊」を設立し、以後約 20 年、その経営に携わる一方、精力的に執筆・講演活動を続ける。2005 年 7 月、日本を改革・再生するための日本初の会社である「再生日本 21」を立ち上げた。主な著書:『大不況サバイバル読本』『日本発、世界大恐慌！』（徳間書店）『95 年の衝撃』（総合法令出版）『勝ち組の経済学』（小学館文庫）『次にくる波』（PHP 研究所）『Human Destiny』（『9・11 と金融危機はなぜ起きたか !?〈上〉〈下〉』英訳）『あと 2 年で国債暴落、1 ドル＝ 250 円に !!』『いよいよ政府があなたの財産を奪いにやってくる !?』『日銀が破綻する日』『預金封鎖、財産税、そして 10 倍のインフレ !!〈上〉〈下〉』『トランプバブルの正しい儲け方、うまい逃げ方』『世界沈没——地球最後の日』『世界中の大富豪はなぜＮＺに殺到するのか !?〈上〉〈下〉』『円が紙キレになる前に金を買え！』『元号が変わると恐慌と戦争がやってくる !?』『有事資産防衛　金か？　ダイヤか？』『第 2 のバフェットか、ソロスになろう !!』『浅井隆の大予言〈上〉〈下〉』『2020 年世界大恐慌』『北朝鮮投資大もうけマニュアル』『この国は 95％の確率で破綻する !!』『徴兵・核武装論〈上〉〈下〉』『100 万円を 6 ヵ月で 2 億円にする方法！』『最後のバブルそして金融崩壊』『恐慌と国家破産を大チャンスに変える！』『国家破産ベネズエラ突撃取材』『都銀、ゆうちょ、農林中金まで危ない !?』『10 万円を 10 年で 10 億円にする方法』『私の金が売れない！』『株大暴落、恐慌目前！』『2020 年の衝撃』『デイトレ・ポンちゃん』『新型肺炎発世界大不況』『恐慌からあなたの預金を守れ !!』『世界同時破産！』（第二海援隊）など多数。

コロナ大不況生き残りマニュアル

2020 年 7 月 28 日　初刷発行

著　者　浅井　隆
発行者　浅井　隆
発行所　株式会社　第二海援隊
〒 101-0062
東京都千代田区神田駿河台２- ５- １　住友不動産御茶ノ水ファーストビル８Ｆ
電話番号　03-3291-1821　　ＦＡＸ番号　03-3291-1820

印刷・製本／株式会社シナノ

　ISBN978-4-86335-208-7

Printed in Japan

第二海援隊発足にあたって

日本は今、重大な転換期にさしかかっています。にもかかわらず、私たちはこの極東の島国の上で独りよがりのパラダイムにどっぷり浸かって、まだ太平の世を謳歌しています。

しかし、世界はもう動き始めています。その意味で、現在の日本はあまりにも「幕末」に似ているのです。ただ、今の日本人には幕末の日本人と比べて、決定的に欠けているものがあります。それこそ、志と理念です。現在の日本は世界一の債権大国（＝金持ち国家）に登り詰めはしましたが、人間の志と資質という点では、貧弱な国家になりはててしまいました。それこそが、最大の危機といえるかもしれません。

そこで私は「二十一世紀の海援隊」の必要性を是非提唱したいのです。今日本に必要なのは、技術でも資本でもありません。志をもって大変革を遂げることのできる人物と、それを支える情報です。まさに、情報こそ〝力〟なのです。そこで私は本物の情報を発信するための「総合情報商社」および「出版社」こそ、今の日本に最も必要と気付き、自らそれを興そうと決心したのです。

しかし、私一人の力では微力です。是非皆様の力をお貸しいただき、二十一世紀の日本のために少しでも前進できますようご支援、ご協力をお願い申し上げる次第です。

浅井　隆